A New Chinese Course

Book Ⅰ Work Book

新编汉语教程

(上) 练习本

主编 黄政澄 (北京语言学院)
编者 (以姓氏笔画为序)
马燕华 (北京师范大学)
李 泉 (中国人民大学)
赵燕琬 (北 京 大 学)
黄政澄 (北京语言学院)

商务印书馆国际有限公司

图书在版编目（CIP）数据

新编汉语教程（上）练习本/黄政澄等编著. —北京：商务印书馆国际有限公司，1996

ISBN 7-80103-104-0

Ⅰ. 新… Ⅱ. 黄… Ⅲ. 对外汉语教学-习题-教学参考资料 Ⅳ. H195.4

中国版本图书馆 CIP 数据核字（96）第 18790 号

新编汉语教程（上）练习本

主　　编　黄政澄
装帧设计　肖　和
出　　版　商务印书馆国际有限公司
(北京东城区史家胡同甲 24 号 邮编：100010)
印　　刷　民族印刷厂
发　　行　新华书店
开　　本　787×1092mm　1/16
版　　次　1997 年 7 月北京第 1 版
1997 年 7 月北京第 1 次印刷
书　　号　ISBN 7-80103-104-0/H・26
定　　价　40 元

目　录

第一课 Lesson 1

一　读下列音节

Read the following syllables:

1

bā	bá	bǎ	bà	ˉ	ˊ	ˇ	ˋ
mā	má	mǎ	mà	ˉ	ˊ	ˇ	ˋ
fù	fǔ	fú	fū	ˋ	ˇ	ˊ	ˉ
pò	pǒ	pó	pō	ˋ	ˇ	ˊ	ˉ

2

bā	pā	mā	fā	ˉ	ˉ	ˉ	ˉ
bù	pù	mù	fù	ˋ	ˋ	ˋ	ˋ
bá	pá	má	fá	ˊ	ˊ	ˊ	ˊ
bǐ	pǐ	mǐ	fǔ	ˇ	ˇ	ˇ	ˇ

3

bā · pā
bù · pù
bà · pà
fā · fō
mà · mò

4

bā · bá
bí · bì
pá · pā
fú · fù
mā · mà
mǔ · mù

5

bōfā ˉ ˉ
fùmǔ ˋ ˇ
mùmǎ ˋ ˇ

二　指出下列音节的声母、韵母、声调

Identify the initials, finals and tones of the following syllables:

例 E.g.　bā：　声母 b，　韵母 a，　声调　第一声。

bā：　initial b，　final a，　tone　the first tone

1 bà
2 mā
3 mǐ
4 pí
5 mǎ
6 bù

三 标出下列汉字的第一笔并注明运笔方向

Identify the first stroke of the following characters and show the direction in which the stroke goes:

例 E.g. 不 (→①)

1 米　2 木　3 目　4 八　5 马

四 注明下列笔画的运笔方向

Use arrows to show how the following strokes are written:

1 丶　3 丨　5 ㇏　7 乛
2 一　4 丿　6 ㇀　8 𠃍

五 选择正确的汉字

Choose the right characters for the given syllables:

例 E.g. bù　Ⓐ不　*B* 木

1 bā　*A* 人　*B* 八　*C* 入
2 mù　*A* 目　*B* 月　*C* 日
3 mǎ　*A* 吗　*B* 马
4 mù　*A* 木　*B* 术
5 mǐ　*A* 米　*B* 术

六 学写汉字

Learn to write the characters:

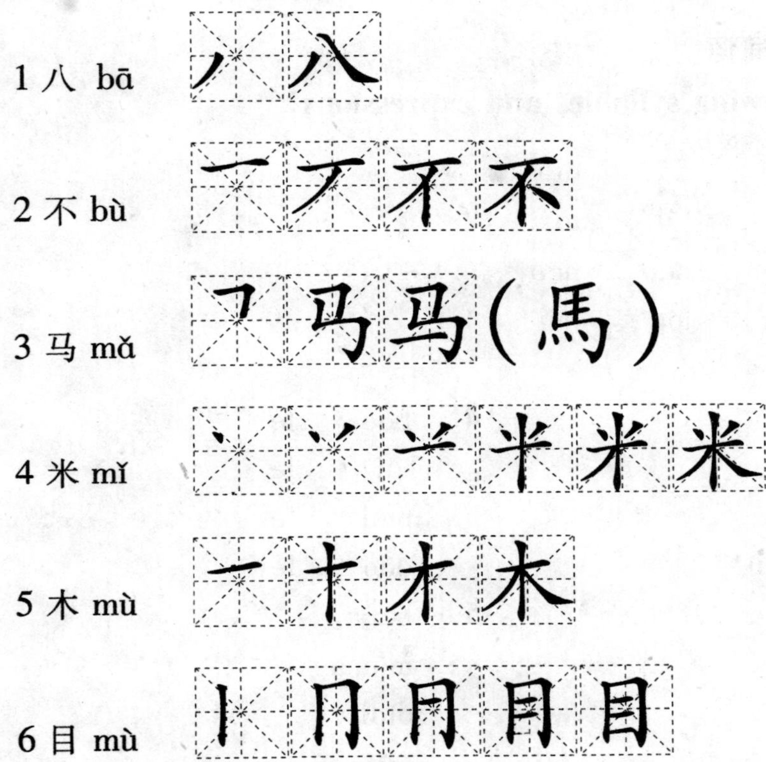

（注:练习中的“学写汉字”一律用米字格）

(Note: students are required to use the paper with guide lines in each square for “learn to write the characters”*)*

第二课 Lesson 2

一　读下列音节、词语

Read the following syllables and expressions:

1　dāi　dái　dǎi　dài　ˉ　ˊ　ˇ　ˋ
tāi　tái　tǎi　tài　ˉ　ˊ　ˇ　ˋ
nào　nǎo　náo　nāo　ˋ　ˇ　ˊ　ˉ
lòu　lǒu　lóu　lōu　ˋ　ˇ　ˊ　ˉ

2　bà · dà
dài · tài
nà · là
nǔ · mǔ
pí · tí

3　bā · bà
dǎo · dāo
mèi · méi
bái · bǎi

4　bāo · le　ˉ .
lái · le　ˊ ·
mǎi · le　ˇ ·
dào · le　ˋ .

5　bàba　ˋ .
māma　ˉ .
dìdi　ˋ .
mèimei　ˋ .
nǎinai　ˇ ·

二　扩展练习

Extension exercises:

1　dìtú　ˋˊ
mǎi le dìtú　ˇ˙　ˋˊ
Dìdi　mǎi　le　dìtú　ˋ.　ˇ˙　ˋˊ
(弟弟 买　了　地图。
My younger brother has bought a map.)

2　tóufa　ˊ·

māma de tóufa ¯ . . ˊ •

Māma de tóufa bái le ¯ . . ˊ • ˊ •

(妈妈的 头发 白 了。*My mother's hair has turned gray.*)

三 标出下列轻声的调值

Show the pitch scale of the neutral-tone syllable in the following phrases:

例 E.g. báide 35 3 ˊ .

1 tāde 4 mài le

2 báide 5 lǎo le

3 mǎi le 6 nàli

四 给下列汉字注音

Give the phonetic notation for the following characters:

例 E.g. 刀 dāo

1 不 4 八

2 木 5 大

3 米 6 了

五 根据拼音写出汉字

Write out the characters for the following phonetic notation:

例 E.g. dà 大

1 bā 3 bèi 5 mǎ

2 bái 4 dāo 6 le

六 标出下列汉字的第一笔并注明运笔方向

Identify the first stroke of the following characters and show the route of the stroke:

例 E.g. →① 不

1 土 2 白 3 贝 4 了 5 刀

七 数出下列汉字的笔画数

Count the number of strokes for the following characters:

例 E.g. 八 2

1 马 3 白 5 了

2 目 4 贝 6 刀

八 选择正确的汉字

Choose the right characters:

例 E.g. bù Ⓐ不 *B* 木

1 bái *A* 自 *B* 白 *C* 日

2 dà *A* 大 *B* 丈 *C* 天

3 dāo *A* 力 *B* 刀

4 bèi *A* 贝 *B* 见 *C* 目

5 tǔ *A* 士 *B* 土 *C* 工

九 看图读词语

Learn to say in Chinese with the aid of the pictures:

dàdāo
broadsword

bái mǎ
white horse

dà lóu
building

十 学写汉字

Learn to write the characters:

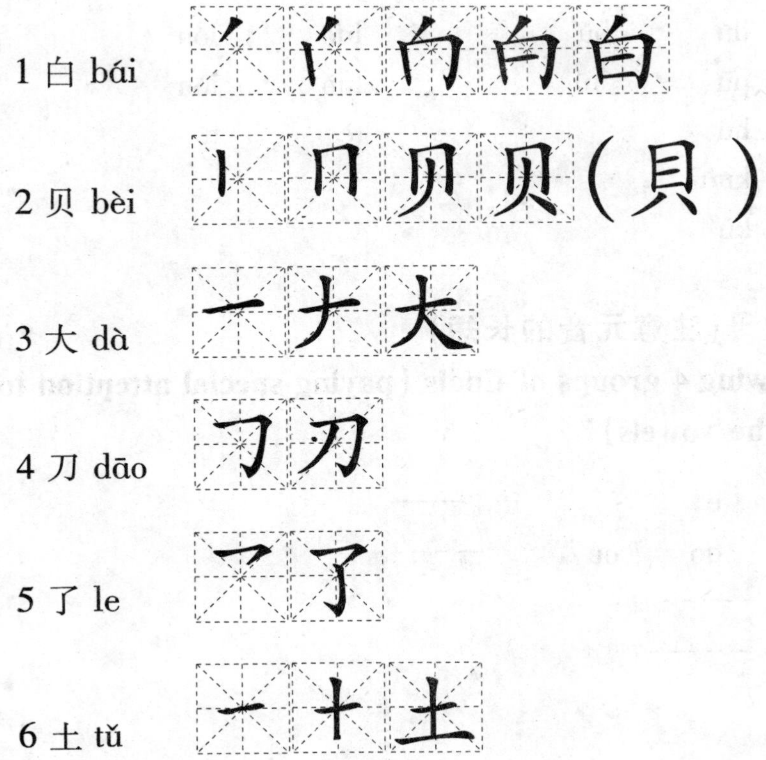

1 白 bái

2 贝 bèi (貝)

3 大 dà

4 刀 dāo

5 了 le

6 土 tǔ

第三课 Lesson 3

一　读下列音节

Read the following syllables：

1　duō　duó　duǒ　duò　ˉ ˊ ˇ ˋ

gū　gú　gǔ　gù　ˉ ˊ ˇ ˋ

hù　hǔ　hú　hū　ˋ ˇ ˊ ˉ

kè　kě　ké　kē　ˋ ˇ ˊ ˉ

2　guì · kuì · huì

gǔ · dǔ · bǔ

kū · pū · tū

fú · hú

guài · kuài

gù · kù

3　duō · dōu

luó · lóu

luò · lòu

tè · tù

二　读下面四组韵母(注意元音的长短)

Read the following 4 groups of finals (paying special attention to the length of the vowels)：

1　ɑ　o　e　i　u　——

2　ɑi　ei　ɑo　ou　—-

3　uɑ　uo　-—

4　uɑi　uei　-—-

三　扩展练习

Extension exercises：

1　kāfēi ˉ ˉ

hē kāfēi ˉ ˉ ˉ

Bàba hē kāfēi ˋ. ˉ ˉˉ

(爸爸 喝 咖啡。*My father is drinking coffee*.)

2 huídá ˊˊ

huídá duì le ˊˊ ˋ.

Gēge huídá duì le。 ˉ. ˊˊ ˋ.

(哥哥 回答 对 了。

My elder brother's answer is right.)

四 给下列音节标调号

Place tone-marks over the following syllables:

例 E.g. 第一声 ba bā

1 第一声 la 6 第二声 duo

2 第二声 niu 7 第一声 tui

3 第三声 kao 8 第二声 li

4 第四声 gai 9 第三声 guai

5 第一声 dou 10 第一声 hei

五 写出下列汉字的笔顺

Show the stroke-order for the following characters:

例 E.g. 木 一 十 才 木

1 八

2 米

3 目

4 刀

5 口

6 土

六 选择正确的汉字

Choose the right characters:

例 E.g. bù Ⓐ不 B 木

1 hé A 木 B 禾 C 不

2 dà A 大 B 八

3 gè A 了 B 个

4 huǒ A 大 B 火

5 kǒu A 日 B 口

七 看图读词语

Learn to say in Chinese with the aid of the pictures:

gēge hé dìdi

elder and younger brothers

guò mǎlù

to cross the street

mèimei kū le

the younger sister is crying

八 学写汉字

Learn to write the characters:

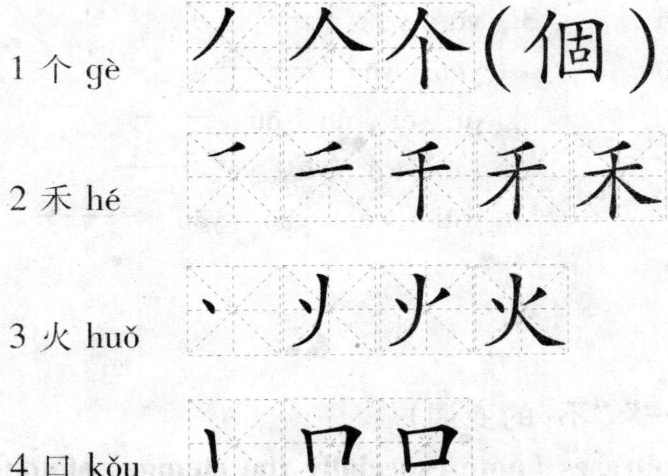

第四课 Lesson 4

一　读下列音节

Read the following syllables:

1　yā　yá　yǎ　yà　ˉ ˊ ˇ ˋ

yē　yé　yé　yè　ˉ ˊ ˇ ˋ

yào　yǎo　yáo　yāo　ˋ ˇ ˊ ˉ

yòu　yǒu　yóu　yōu　ˋ ˇ ˊ ˉ

yá　yé　yáo　yóu　ˊ ˊ ˊ ˊ

yòu　yào　yè　yà　ˋ ˋ ˋ ˋ

2　ā · āi · yā

wǒ · ǒu · yǒu

yá · yáo

yào · yòu

lóu · liú

3　yā　yē

yāo　yōu

āi　ēi　āo　ōu

wā　wō　yā　yē

wāi　wēi　yāo　yōu

二　读下列词语(注意"一""不"的变调)

Read the following phrases (note especially the changes of tone for"一" and "不"):

1　yì bēi kāfēi　ˋ ˉ　ˉ ˉ

yì tiáo mǎlù　ˋ ˊ　ˇ ˋ

yì bǎ tóufa　ˋ ˇ　ˊ ·

yí gè mèimei　ˊ ˋ　ˋ ·

dú yi dú　ˊ · ˊ

2　bù hē　ˋ ˉ

bù lái　ˋ ˊ

bù mǎi　ˋ ˇ

bú yào　ˊ ˋ

hē bu hē　ˉ · ˉ

三 扩展练习
Extension exercises:

1 dìdi ˋ ·

méiyǒu dìdi ˊˇ ˋ·

Wǒ méiyǒu dìdi ˇ ˊˇ ˋ·

（我 没有 弟弟。*I have no younger brother.*）

2 yóupiào ˊ ˋ

wàiguó yóupiào ˋˊ ˊˋ

yǒu wàiguó yóupiào ˇ ˋˊ ˊˋ

Gēge yǒu wàiguó yóupiào。 ˉ· ˇ ˋˊˊˋ

（哥哥 有 外国 邮票。

My elder brother has some foreign stamps.）

四 写出下列零声母音节
Write out the phonetic notation for the following φ-initial syllables:

例 E.g. 第一声 i yī

1	第三声	u
2	第一声	uɑi
3	第三声	uo
4	第四声	uei
5	第二声	ü
6	第三声	i
7	第二声	iɑ
8	第二声	ie
9	第四声	iɑo
10	第三声	iou

五 找出不正确的零声母音节并加以改正
Find the wrong phonetic notation for the following φ-initial syllables and correct them:

1 wǒ 3 yī 5 yié 7 w̌

2 wuāi 4 yǒu 6 yaò 8 yǚ

六 写出下列词语中"不"、"一"的变调并读一读

Change the tone-marks for"不"and "一"as they are actually pronounced in the phrases and read them:

例 E.g. bù huì: bú huì

1 bù dà
bù kuài
hǎo bù hǎo
bù pà

2 yī dī yóu
yī tiáo gǒu
yī pǐ mǎ
yī gè hàomǎ
mō yī mō

七 给下列汉字注音

Give the phonetic notation for the following characters:

例 E.g. 不 bù

1 一 3 衣 5 六 7 乌

2 也 4 五 6 大 8 马

八 看图读词语(先标出"一 yī"的变调)

Learn to say in Chinese with the aid of the pictures :

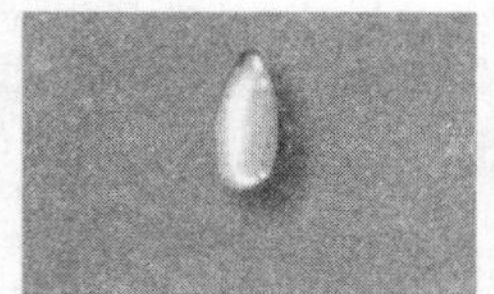

yi lì mǐ
a grain of rice

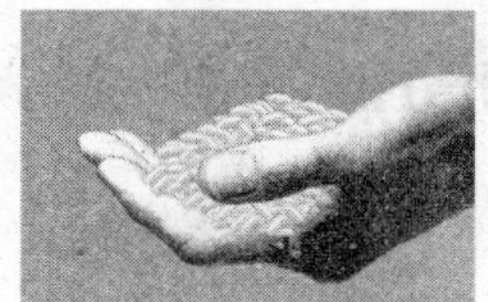

yi bǎ mǐ
a handful of rice

yi dài mǐ
a sack of rice

yi bēi niúnǎi
a cup of milk

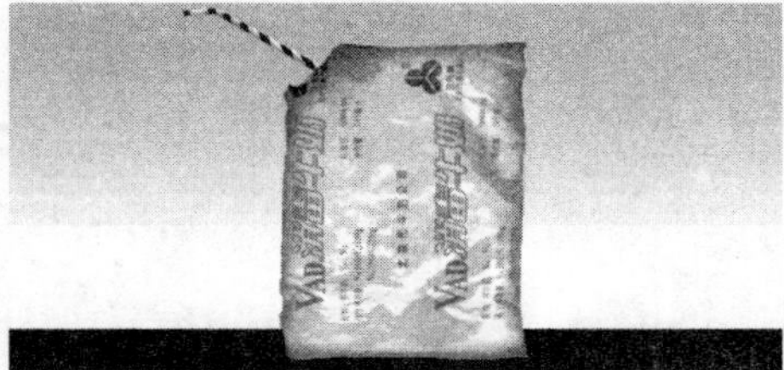

yi dài niúnǎi
a bag of milk

yi kē yá
a tooth

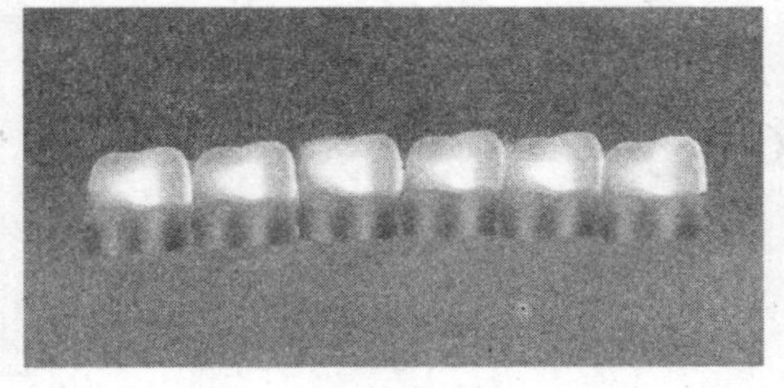

yi pái yá
a row of teeth

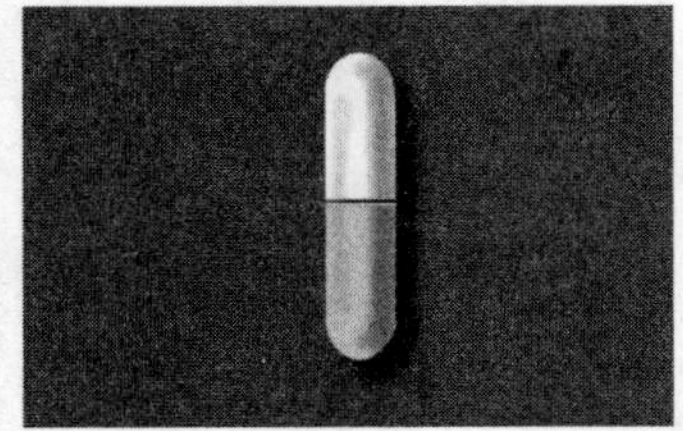

yi lì yào
a tablet of medicine

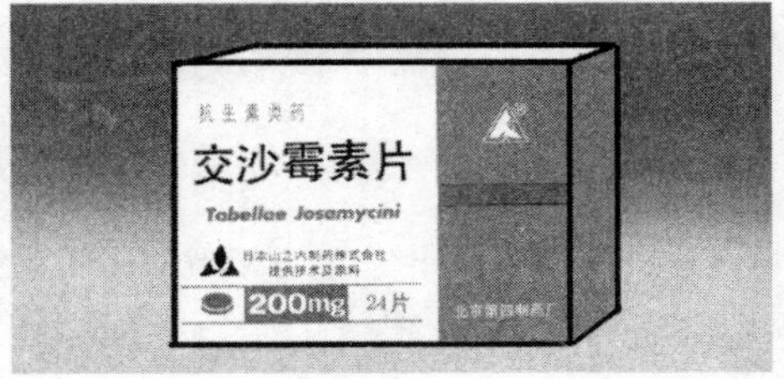

yi hé yào
a pack of medicine

九 学写汉字

Learn to write the characters:

1 六 liù

2 鸟 niǎo

3 五 wǔ

4 一 yī

5 衣 yī

6 也 yě

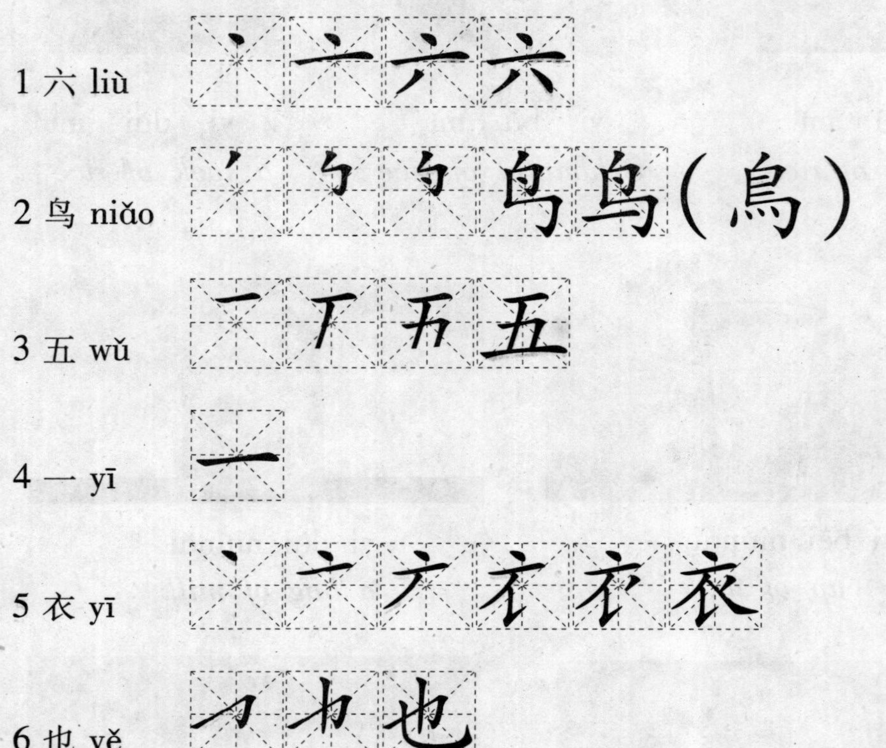

第五课 Lesson 5

一 读下列音节

Read the following syllables：

1 jū jú jǔ jù ˉ ˊ ˇ ˋ

qī qí qǐ qì ˉ ˊ ˇ ˋ

xuè xuě xué xuē ˋ ˇ ˊ ˉ

yù yǔ yú yū ˋ ˇ ˊ ˉ

2 jié · xué

nǚ · lǚ · yǔ

jī · qī · xī

qiè · xiè · jiè

qióng · qún

二 读下列词语（注意三声变调）

Read the following phrases（note the changes of the third tone）：

1 jiějie ˪ ·　　nǐmen ˪ ·

lǐ fà ˪ ˋ　　xiǎo dāo ˪ ˉ

Měi guó ˪ ˊ　　xiǎo yú ˪ ˊ

2 Lǐ xiǎo jie ˊ ˊ ·

xiǎo lǎo hǔ ˊ ˊ ˇ

三 扩展练习

Extension exercise：

yīfu ˉ ·

xǐ yīfu ˪ ˉ ·

xiàwǔ xǐ yīfu ˋ ˇ ˪ ˉ ·

Jiějie xiàwǔ xǐ yīfu ___ ___ ___.
(姐姐 下午 洗 衣服。
My elder sister is going to do the laundry in the afternoon.)

四 写出下列第三声的变调

Use the pitch scale to show the changes of the third tone:

例 E.g. xiǎo dāo: ˨˩˩ ˥˥ (211, 55)

1 hǎo hē
2 kěyǐ
3 lǎolao
4 lǚ kè
5 nǚ'ér
6 wǔ gè

五 写出下面零声母音节

Write out the phonetic notation for the following φ-initial syllables:

例 E.g. 第一声 i : yī

1 第二声 ü
2 第三声 üan
3 第四声 üe
4 第四声 iong
5 第三声 uo
6 第二声 ün

六 指出下列音节中拼写不正确的音节，并改正

Point out the spelling mistakes in the phonetic notation for the following syllables and correct them:

1 duī
2 guài
3 guèi
4 duì
5 dīu
6 jiǒu
7 yiào
8 yoù
9 yǚ
10 yüè

七 根据拼音写出汉字

Write out the characters for the following phonetic notation:

例 E.g. bā:八

1 jǐ	3 xí	5 yī	7 xià
2 qī	4 yú	6 xiǎo	

八 选择正确的汉字

Choose the right characters:

例 E.g. bù Ⓐ不 *B* 木

1 jǐ *A* 几 *B* 九		4 xià *A* 下
2 mǎ *A* 鸟 *B* 马		5 xiǎo *A* 火 *B* 小
3 jiǔ *A* 力 *B* 九		6 yú *A* 鱼 *B* 角

九 看图读词语(先写出第三声的变调)

Learn to say in Chinese with the aid of the pictures (mark the changes of the third tone first):

lǐwù

present

měi yuán

US dollars

wǔ bǎi

five hundred

xiǎo jī
chicken

xiǎo qiáo
a small bridge

xiǎo mǎ
foal

xiǎo lù
a path

十 学写汉字
Learn to write the characters:

1 几 jǐ

2 九 jiǔ

3 七 qī

4 习 xí

5 下 xià

6 小 xiǎo

7 鱼 yú

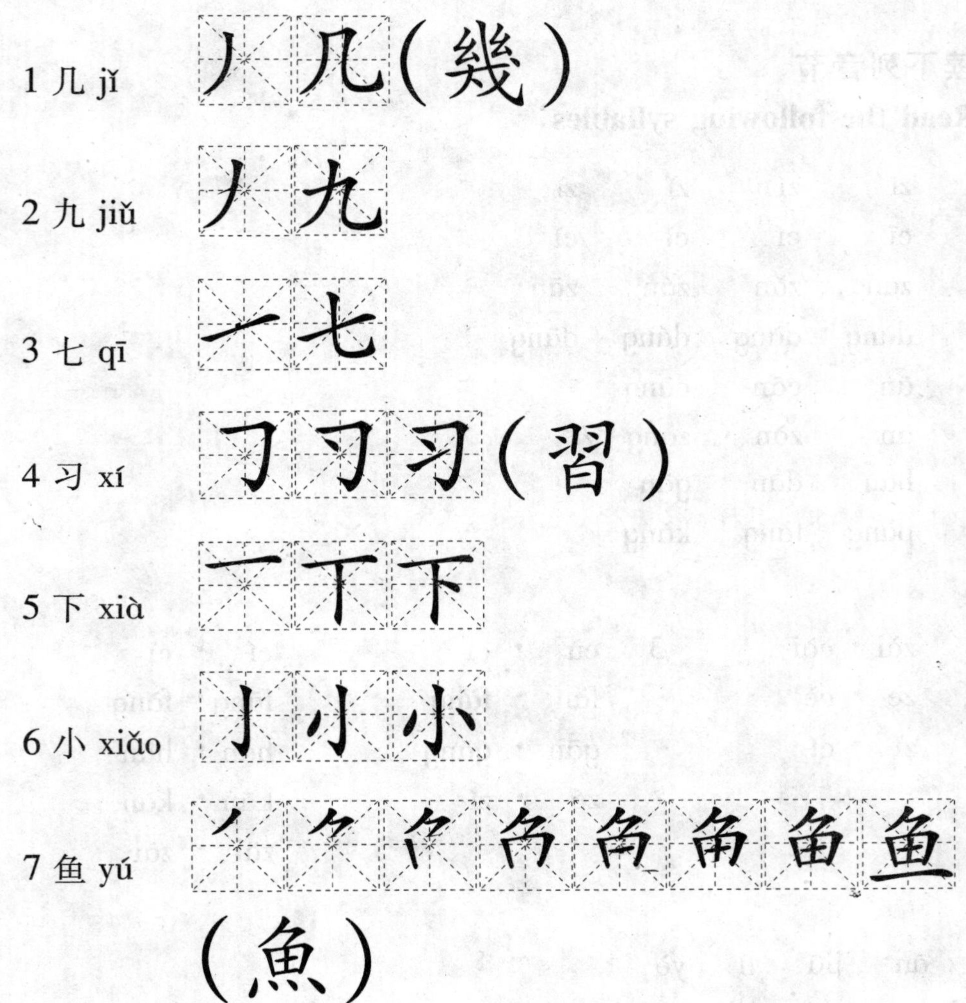

第六课 Lesson 6

一 读下列音节

Read the following syllables:

1 zī zí zǐ zì ˉ ˊ ˇ ˋ
cī cí cǐ cì ˉ ˊ ˇ ˋ
zàn zǎn zán zān ˋ ˇ ˊ ˉ
dàng dǎng dáng dāng ˋ ˇ ˊ ˉ
ān cān cāng ˉ ˉ ˉ
àn zàn zàng ˋ ˋ ˋ
bān dān gān ˉ ˉ ˉ
pàng tàng kàng ˋ ˋ ˋ

2 zài · cài
zè · cè
zǐ · cǐ

3 cù · cì
fàn · fàng
gān · gāng
zé · zí

cí · cì
fāng · fàng
hán · hàn
kān · kàn
zāi · zài

4 ān jiā lì yè ˉ ˉ ˋ ˋ
àn bù jiù bān ˋ ˋ ˋ ˉ
bì yuè xiū huā ˋ ˋ ˉ ˉ
bǎi gǎn jiāo jí ˊ ˇ ˉ ˊ

二 扩展练习

Extension exercise:

Hànyǔ ˋ ˇ

xuéxí Hànyǔ ˊ ˊ ˋ ˇ

Wǒmen xuéxí Hànyǔ ˇ · ˊ ˊ ˋ ˇ

(我们 学习 汉语 *We learn Chinese*.)

三 根据拼音写出汉字

Write out the characters for the phonetic notation:

1 yǔ　　2 yú　　3 nǚ　　4 yún

四 选择正确的汉字

Choose the right characters:

1 zǐ　*A* 子　*B* 了　　4 yǔ　*A* 两　*B* 雨

2 jǐ　*A* 子　*B* 几　*C* 九　　5 yún　*A* 云　*B* 去

3 yuè　*A* 贝　*B* 目　*C* 月

五 标出下列汉字与部首的正确对应关系

Match the characters with proper radicals:

1 妈 mā　　a 贝 bèi

2 看 kàn　　b 木 mù

3 地 dì　　c 衣 yī

4 裙 qún　　d 目 mù

5 贵 guì　　e 土 tǔ

6 椅 yǐ　　f 女 nǚ

六 看图读出词语

Learn to say in Chinese with the aid of the pictures:

dǎ lánqiú

to play basketball

tī zúqiú

to play football

xiě hànzì

to write Chinese characters

mào zi

hat

máo yī

sweater

kùzi
trousers

qúnzi
skirt

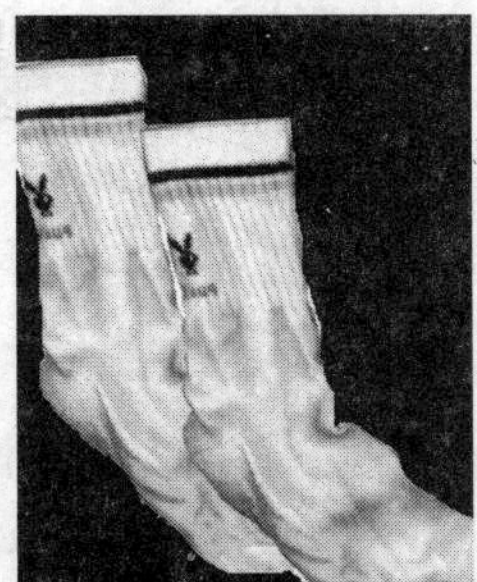

wàzi
socks

bùxié
cloth shoes

七 学写汉字

Learn to write the characters:

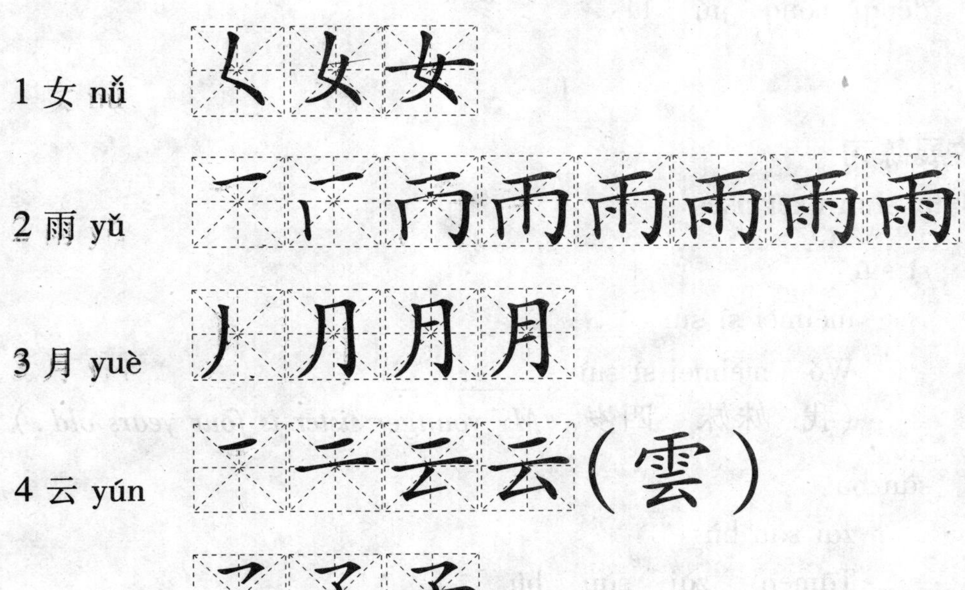

第七课 Lesson 7

一　读下列音节和词语

Read the following syllables and expressions:

1　zì　cì　sì　ˋ ˋ ˋ　　bēn　pēn　mēn　ˉ ˉ ˉ

cǐ　sǐ　xǐ　ˇ ˇ ˇ　　bèng　pèng　mèng　ˋ ˋ ˋ

sā　cā　xiā　ˉ ˉ ˉ　　dòng　tòng　nòng　ˋ ˋ ˋ

2　ēn　sēn　·　ēng　sēng　ˉ ˉ ˉ ˉ　　děng · dǒng

ēng　céng　ōng　cóng　ˉ ˊ ˉ ˊ　　gēn · gēng

3　fēng　cān　lù　sù　ˉ ˉ ˋ ˋ

fēng　fù　duō　cǎi　ˉ ˋ ˉ ˇ

kè　jǐ　fèng　gōng　ˋ ˇ ˋ ˉ

dēng　hóng　jiǔ　lǜ　ˉ ˊ ˇ ˋ

二　扩展练习

Extension exercises:

1　sì suì　ˋ ˋ

mèimei sì suì　ˋ. ˋˋ

Wǒ　mèimei　sì　suì　ˇ ˋ. ˋˋ

（我　妹妹　四岁。*My younger sister is four years old.*）

2　sàn bù　ˋˋ

zài sàn bù　ˋˋˋ

Tāmen　zài　sàn　bù　ˉ. ˋˋˋ

（他们　在　散　步。*They are taking a walk.*）

三 选择正确的汉字

Choose the right characters:

1 gōng *A* 工 *B* 土 *C* 士 3 sì *A* 目 *B* 四 *C* 田

2 mén *A* 向 *B* 口 *C* 门 4 sān *A* 山 *B* 王 *C* 三

四 标出下列汉字与部首的正确对应关系

Match the following characters with proper radicals:

1	喝 hē	a	鱼 yú
2	灯 dēng	b	门 mén
3	闭 bì	c	口 kǒu
4	鸡 jī	d	火 huǒ
5	草 cǎo	e	艹（cǎo zì tóu）
6	鲤 lǐ	f	鸟 niǎo

五 学写汉字

Learn to write the characters:

1 工 gōng 一 丅 工

2 门 mén 丶 丨 门(門)

3 三 sān 一 二 三

4 四 sì 丨 冂 门 四 四

第八课 Lesson 8

一 读下列音节和词语

Read the following syllables and expressions:

1 ēr ér ěr èr ˉ ˊ ˇ ˋ

yān · jiān

yǎng · jiǎng

yīn · qǐn

yīng · qǐng

lián · liáng

nián · niáng

jīn · jīng

xìn · xìng

2 qiān fāng bǎi jì ˉ ˉ ˇ ˋ

liǎng xiù qīng fēng ˇ ˋ ˉ ˉ

zì lǐ háng jiān ˋ ˇ ˊ ˉ

jīng nián lěi yuè ˉ ˊ ˇ ˋ

二 扩展练习

Extension exercises:

1 cídiǎn ˊ ˇ

yīngyǔ cídiǎn ˉ ˇ ˊ ˇ

yì běn yīngyǔ cídiǎn ˋˇ ˉˇ ˊˇ

mǎi le yìběn yīngyǔ cídiǎn ˇ˙ ˋˇ ˉˇ ˊˇ

Jīntiān mǎi le yìběn yīngyǔ cídiǎn

ˉˉ ˇ˙ ˋˇ ˉˇ ˊˇ

(今天 买 了 一本 英语 词典。

bought a English dictionary today)

2 yīnyuè ˉ ˋ

tīng yīnyuè ˉ ˉ ˋ

zài fángjiān tīng yīnyuè ˋˊˉ ˉˉˋ

Wǒ gēge zài fángjiān tīng yīnyè ______ . ____ ____
(我 哥哥 在 房间 听 音乐。
My elder brother is listening to the music in his room.)

三 根据拼音写出汉字

Write out the characters for the following phonetic notation:

1 ér 3 èr 5 xīn 7 qī
2 ěr 4 jīn 6 jǐ

四 标出下列汉字与部首的对应关系

Match the follolwing characters with proper radicals:

1 想 xiǎng a 辶
2 话 huà b 心
3 你 nǐ c 氵(水)
4 拿 ná d 讠(言)
5 河 hé e 亻(人)
6 过 guò f 手

五 看图说出事物的名称

Learn to say in Chinese with the aid of the pictures:

1 tóufa *hair*
2 méimao *eyebrows*
3 yǎnjing *eye*
4 bízi *nose*
5 zuǐ *mouth*
6 ěrduo *ear*

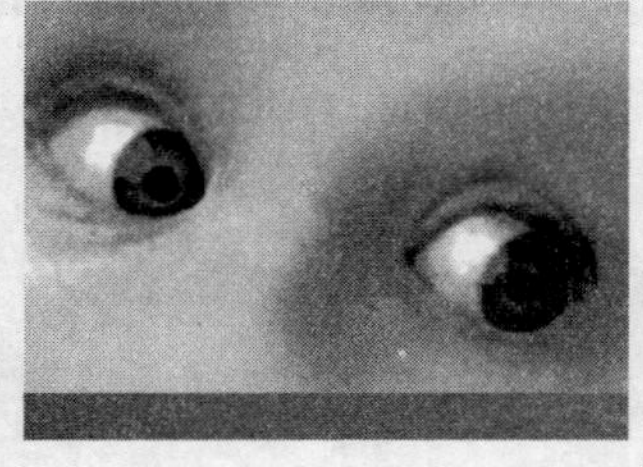

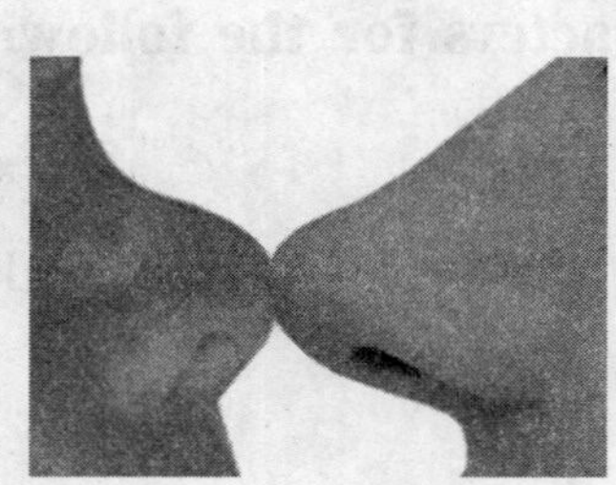

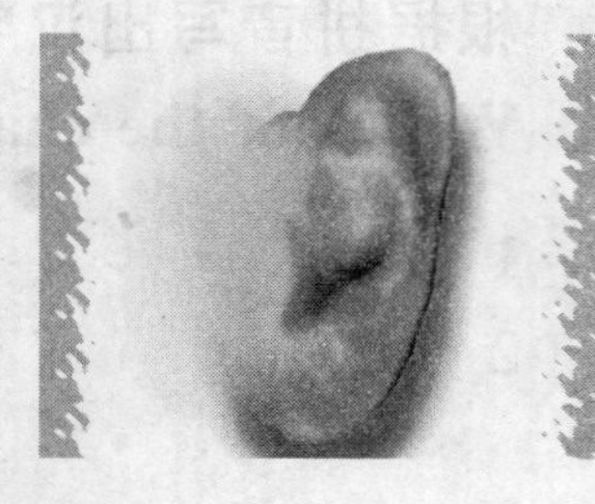

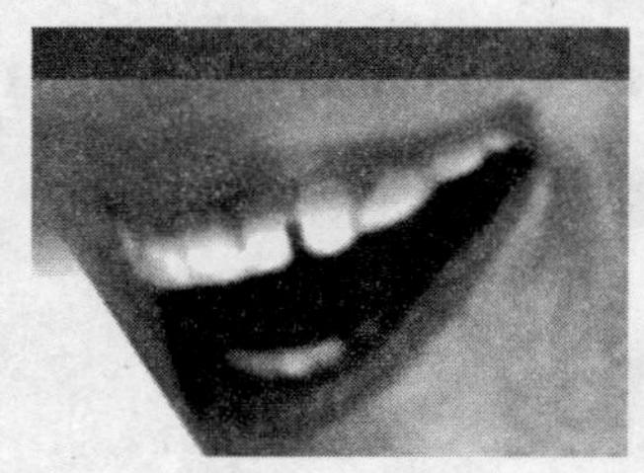

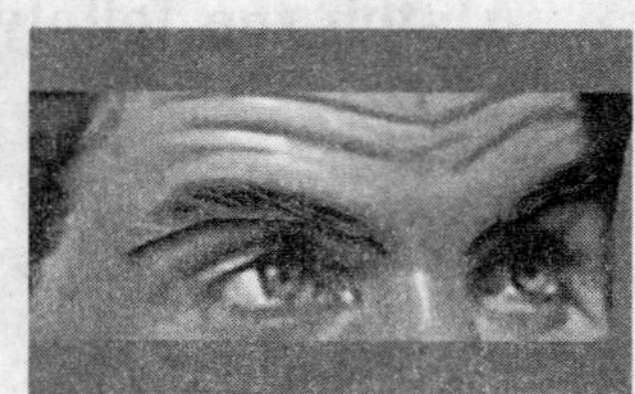

六 学写汉字

Learn to write the characters:

1 电 diàn 

2 儿 ér

3 耳 ěr 

4 二 èr 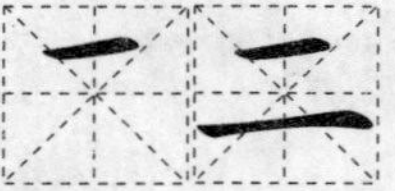

第九课 Lesson 9

一　读下列音节和词语

Read the following syllables and expressions:

1　zhì　chì　qì　ˋ ˋ ˋ
chā　zhā　jiā　ˉ ˉ ˉ
wān　guān　kuān　huān　ˉ ˉ ˉ ˉ
wāng　guāng　kuāng　huāng　ˉ ˉ ˉ ˉ
duǎn　guǎn　tuǎn　kuǎn　ˇ ˇ ˇ ˇ

2　yīng　xióng　hǎo　hàn　ˉ ˊ ˇ ˋ
xiōng　huái　guǎng　kuò　ˉ ˊ ˇ ˋ

二　扩展练习

Extension exercises:

1　màozi　ˋ ·
dài　màozi　ˋ ˋ ·
（戴　帽子　*to wear a hat*）

2　yīfu　ˉ ·
chuān yīfu　ˉ ˉ ·
（穿　衣服　*to put on clothes*）

3　fàn　ˋ
chī fàn　ˉ ˋ
（吃饭　*to have a meal*）

4　chá　ˊ
hē chá　ˉ ˊ
（喝茶　*to drink tea*）

5 yān ˉ

chōu yān ˉ ˉ

(抽烟 *to smoke a cigarette*)

三 选择正确的汉字

Choose the right characters:

1 zhōng *A* 中 *B* 虫 *C* 申 3 yáng *A* 羊 *B* 半

2 wáng *A* 土 *B* 王 *C* 主 4 yán *A* 言 *B* 古

四 标出下列汉字的结构方式属于 A、B、C 中的哪一种

Identify which form of structure the following characters are composed of A, B, or C:

1 杯 bēi ______

2 尘 chén ______

3 闯 chuǎng ______

4 古 gǔ ______

5 和 hé ______

6 回 huí ______

7 连 lián ______

A 上下结构 *top-bottom*

B 左右结构 *left-right*

C 内外结构 *outer-inner*

五 看图说出事物的名称

Learn to say in Chinese with the aid of the pictures:

zhuōzi
desk

yǐzi
chair

táidēng
desk lamp

chuānghu
window

chuānglián
curtain

qiānbǐ
pencil

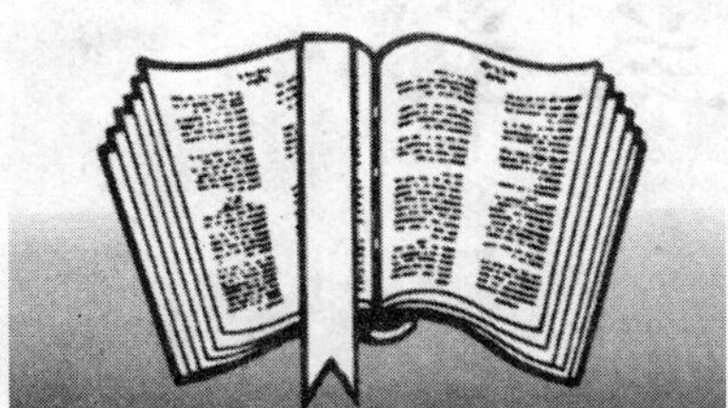

cídiǎn
dictionary

bēizi
cup

chuáng
bed

guìzi
wardrobe

mén
door

六 学写汉字

Learn to write the characters:

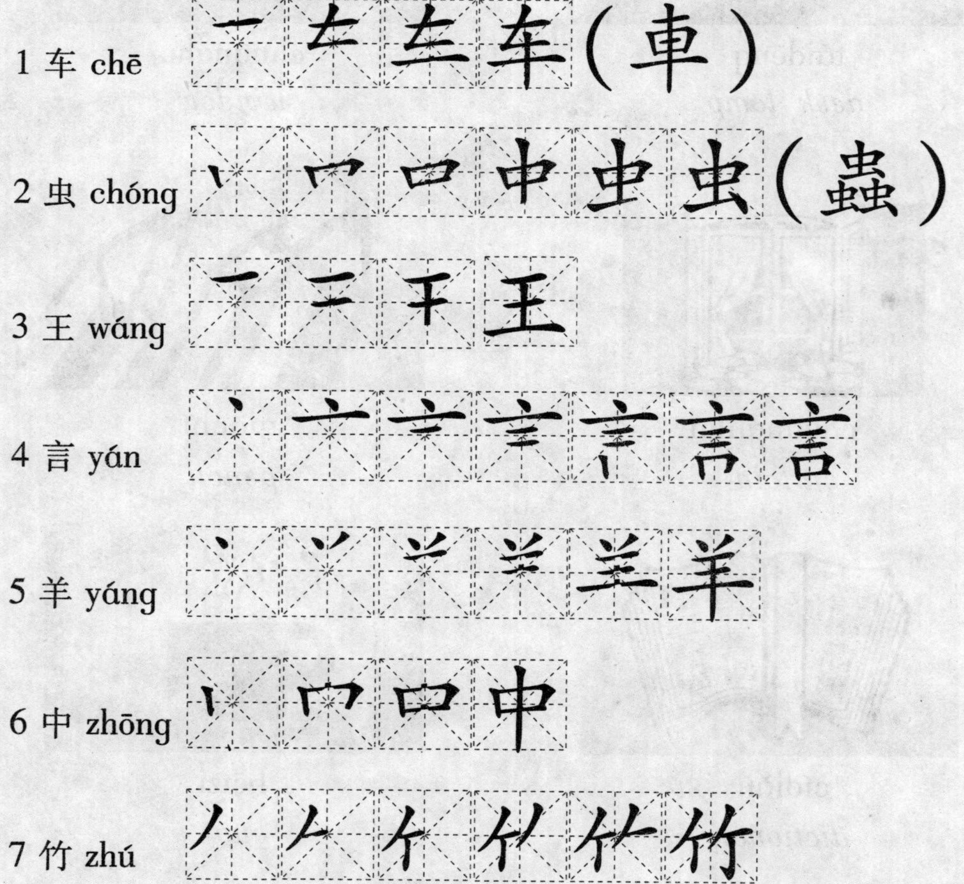

第十课 Lesson 10

一 读下列音节

Read the following syllables:

1 shè · rè　chǎo · cǎo · qiǎo
zhí · chí · shí　shā · sā · xiā
zhā · zā · jiā　shòu · ròu · xiù

2 duàn · dùn
huān · hūn
luàn · lùn

3 rén · rèn · rěn
shōu · shǒu · shòu
shī · shǐ · shí · shì

二 扩展练习

Extension exercises:

1 diànshì
kàn diànshì
zhèngzài kàn diànshì
zhèngzài fángjiān kàn diànshì
Jiějie zhèngzài fángjiān kàn diànshì
(姐姐 正在 房间 看 电视
My elder sister is watching TV in her room.)

2 shàng kè
kāi shǐ shàng kè
jiǔ diǎn kāi shǐ shàng kè

Měitiān jiǔdiǎn kāi shǐ shàng kè
(每天 九点 开始 上 课
Class begins at nine everyday.)

三 根据拼音写出汉字

Write out the characters for the phonetic notation:

1 sān
2 shān
3 shí
4 sì
5 shísì
6 sìshí

四 选择正确的汉字

Choose the right characters:

1 rén *A* 人 *B* 八 *C* 入
2 rì *A* 目 *B* 口 *C* 日
3 shàng *A* 上 *B* 土 *C* 工
4 shí *A* 千 *B* 十
5 shǒu *A* 丰 *B* 手
6 shuǐ *A* 水 *B* 木 *C* 火

五 看图读数字

Learn to read the numerals with the aid of the pictures:

yì tóu niú
one cow

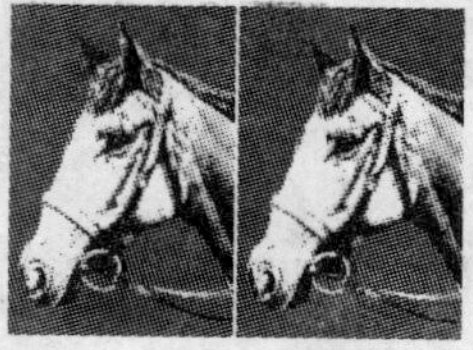

liǎng pǐ mǎ
two horses

sān tiáo yú
three fishes

sì zhī yā
four ducks

wǔ běn shū
five books

liù zhāng huà
six pictures

qī kē shù
seven trees

bā duǒ huā
eight flowers

jiǔ jià fēijī
nine aeroplanes

shí liàng qìchē
ten cars

六 看图完成对话

Complete the dialogues with the aid of the pictures:

A:Zhè shì shénme?
B:

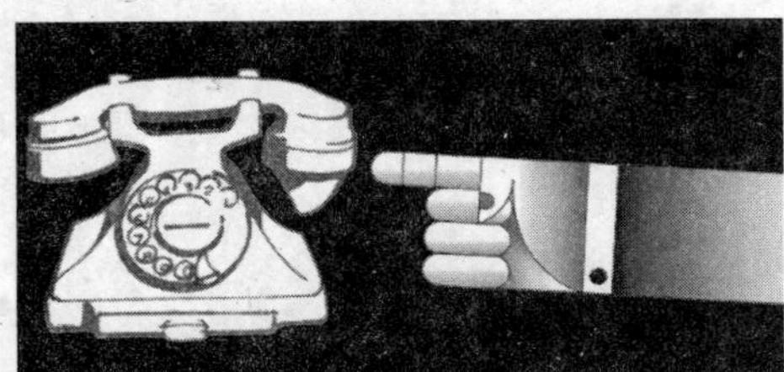

A:
B:Nà shì cǎisè diànshì

A:

B: Tā shì wǒ péngyou.

A: Xiànzài jǐ diǎn?

B:

七 学写汉字

Learn to write the characters:

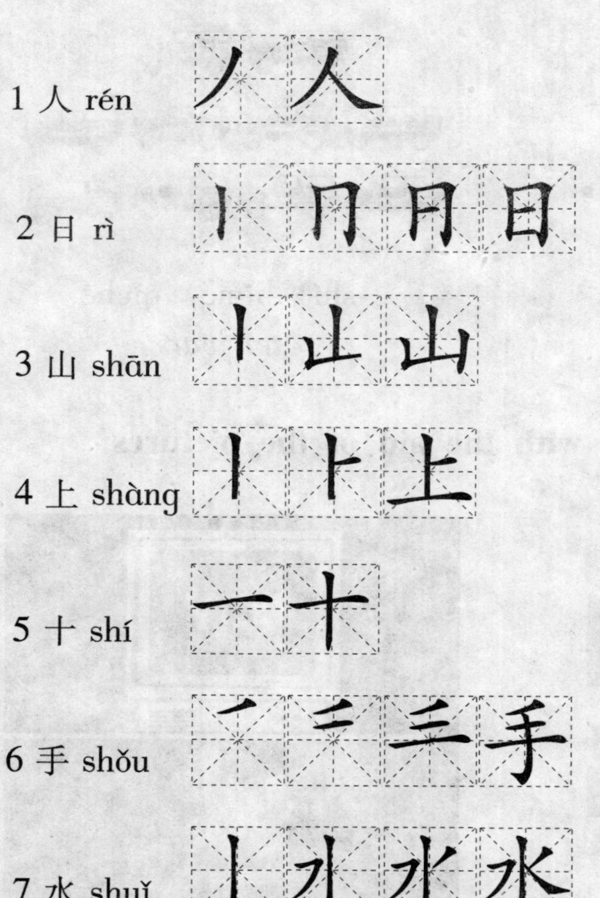

1 人 rén

2 日 rì

3 山 shān

4 上 shàng

5 十 shí

6 手 shǒu

7 水 shuǐ

第十一课 Lesson 11

一　读下列词语和句子

Read the following expressions and sentences:

1 huānyíng
2 xiǎojie
3 xiānsheng
4 míngzi
5 gōngzuò rényuán
6 你好!
7 您贵姓?
8 对不起。
9 王先生,请。

二　扩展练习

Extension exercises:

1 名字
　　什么名字
　　叫什么名字
　　您叫什么名字?
2 我是王云山。
　我不是黄云山。

三　选择填空

Circle the letter to indicate where the given word should be placed:

例 E.g.　我 Ⓐ 王 *B*。姓

1 *A* 小姐　*B*,请。　丁
2 *A* 先生　*B*,请。　马
3 *A* 您　*B* 叫　*C* 名字　*D*?　什么

4 *A* 我 *B* 王小云 *C*。 是
5 我叫王云， *A* 叫 *B* 黄云 *C*。 不
6 我姓白， *A* 姓 *B* 日 *C*。 不

四 组词成句

Arrange the following words in the order of a sentence:

例 E.g. 姓 我 王：我姓王。

1 好 您！
2 ？ 姓 您 贵
3 王 姓 我， 我 王云 叫。
4 叫 白小雨 我。
5 我 马明 是。

五 看图完成对话

Complete the dialogue with the aid of the picture:

A：您好！
B：
A：您贵姓？
B：
A：白小姐，欢迎您。 请。

六 根据拼音写出汉字

Write out the characters for the phonetic notation:

1 nǐ
2 yíng
3 qǐng
4 xìng
5 xiānsheng
6 xiǎojie
7 míngzi
8 huānyíng

9 nǐ hǎo 10 duìbuqǐ

七 根据提示组字

Follow the clue to complete the characters:

例 E.g. 女 妈

1 女 女
女
女

2 口 口
口
口

3 人 人
人
人

4 又 又
又

5 贝 贝
贝

八 根据课文回答问题

Answer the questions based on the text:

1 丁小姐姓什么？叫什么？
2 王先生姓什么？叫什么？

九 见到客人，你怎么用中文问候？

How to greet a guest in Chinese?

十 介绍自己的名字(用"姓，叫/是")

Introduce yourself (using "姓，叫/是").

十一 学写汉字

Learn to write the characters:

9 字 zì

10 迎 yíng

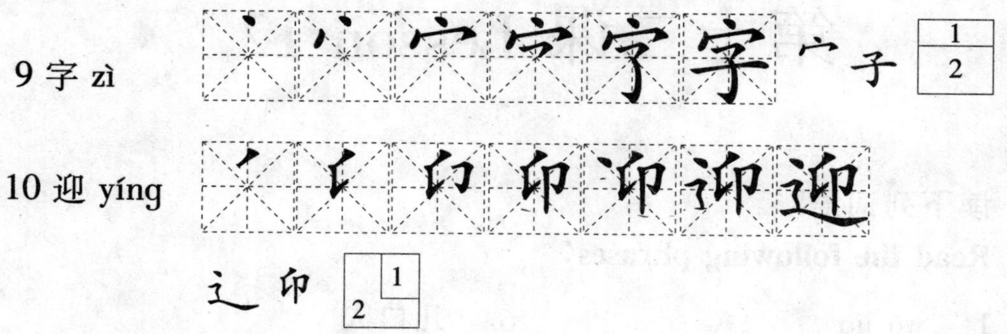

附 **Supplement:**

亻 单人旁 dānrénpáng
女 女字旁 nǚzìpáng
讠 言字旁 yánzìpáng
宀 宝盖头 bǎogàitóu
辶 走之儿 zǒuzhīr

第十二课 Lesson 12

一　读下列词语

Read the following phrases:

1　wǒ jiā
2　nǐ jiā
3　méi yǒu
4　tāmen
5　liǎng gè
6　几口人
7　我爸爸
8　我妈妈
9　多少人

二　扩展练习

Extension exercises:

1　五口人
　　有五口人
　　我家有五口人。

2　我有弟弟。
　　我没有弟弟。
　　我也没有弟弟。

三　选择填空

Choose the right words to fill the blanks:

1　他家有____口人。（二　两）
2　丁小姐有一____弟弟。（口　个）

3 田中平____一个哥哥，__有一个妹妹，____姐姐，____没有弟弟。（有 还 没有 也）

四 选择题

Circle the letter to indicate where the given word should be placed：

例 E.g. *A* 我 Ⓑ王 *C*。 姓

1 *A* 王先生 *B* 一个 *C* 弟弟 *D*。 有
2 *A* 丁小姐 *B* 弟弟 *C*。 没有
3 *A* 他们 *B* 是 *C*？ 谁
4 *A* 你家 *B* 有 *C* 人？ 多少

五 组词成句

Arrange the following words in the order of a sentence：

1 几口人 有 你家 ？
2 弟弟 丁小姐 没有 。
3 我 哥哥 一个 有。
4 爸爸 王小姐 没有 也。
5 是 姐姐 爸爸 爷爷 妹妹 妈妈 他们 和。
6 王 姓 我 也 。

六 标出下列汉字相应的读音

Match the following characters with their phonetic notation：

1 没　　　　a gē

2	爷	b	yě
3	和	c	méi
4	妹	d	mèi
5	也	e	hé
6	哥	f	yé

七 根据提示组字

Follow the clue to complete the characters:

1	口	口	2	宀	宀	3	子	子	4	父	父
		口			宀			子			父

八 根据课文回答问题

Answer the questions based on the text:

1 田中平家有几口人？他们是谁？

2 复述丁文月家的家庭人口。

九 介绍自己的家庭（用"有，还有，没有"）

Say something about your family (using"有，还有，没有").

十 转述一同学的家庭人口情况（用"有，还有，没有，也有，也没有"）

Say something about the family of one of your classmates (using "有，还有，没有，也有，也没有").

十一 学写汉字

Learn to write the characters:

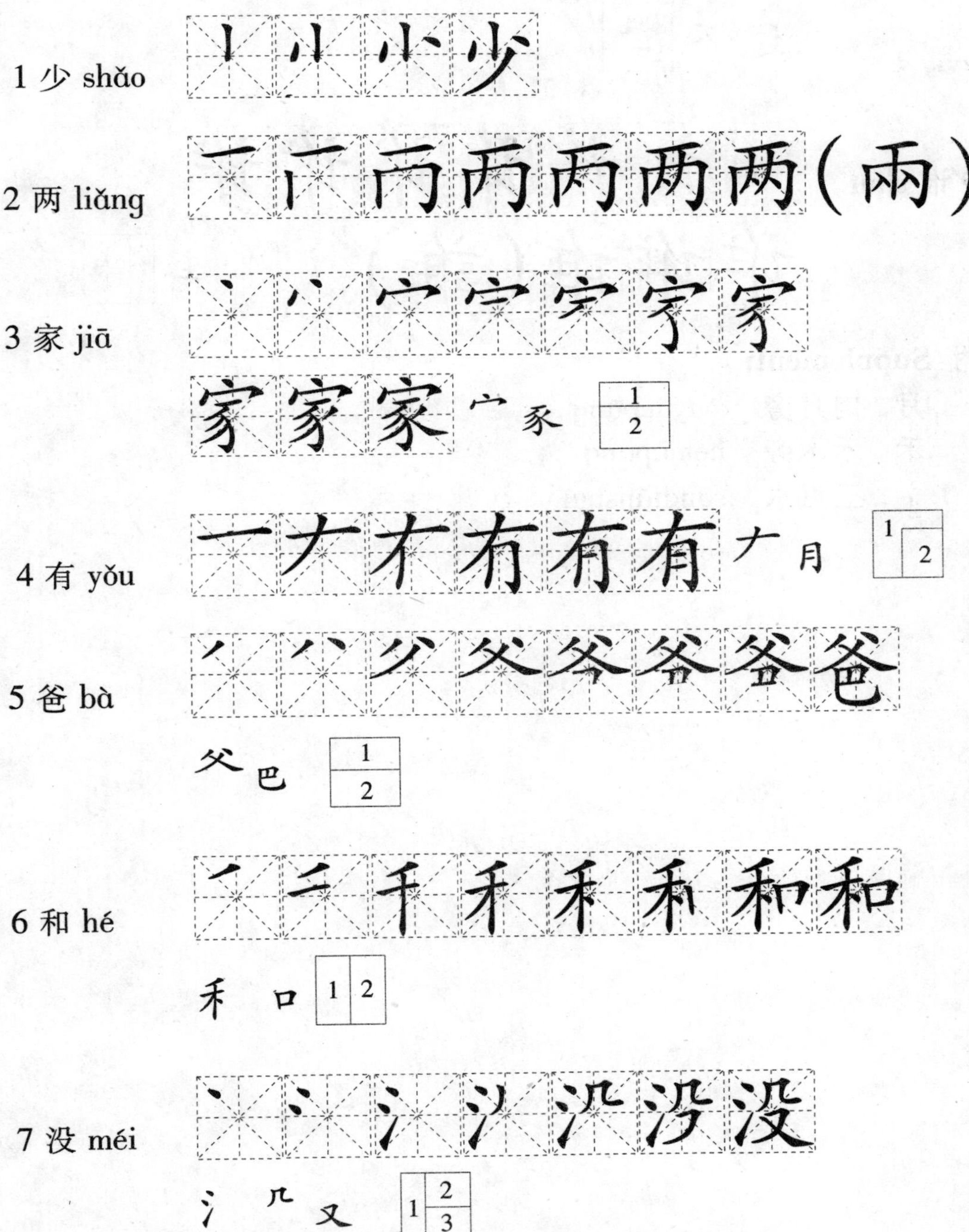

8 还 hái

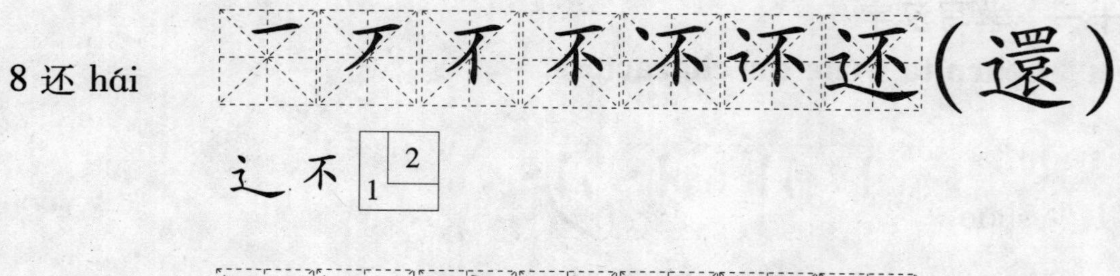

9 谁 shuí

讠 讠 讠 让 讠 讠 诈

诈 诈 谁 (誰) 讠 亻 隹 1 2 3

附 Supplement:

月　肉月旁　ròuyuèpáng

禾　禾木旁　hémùpáng

氵　三点水　sāndiǎnshuǐ

第十三课 Lesson 13

一 读下列词语

Read the following phrases:

1 xuésheng ˊ ·
2 lǎoshī ˇ ˉ
3 rènshi ˋ ·
4 jiàoshòu ˋ ˋ
5 zhèr ˋ
6 nàr ˋ
7 请问 ˇ ˋ
8 中文系 ˉ ˊ ˋ
9 在哪儿 ˋ ˇ
10 在那儿 ˋ ˋ
11 谢谢 ˋ ·
12 不谢 ˊ ˋ

二 扩展练习

Extension exercises:

1 学生 ˊ ·
中文系的学生
中文系的学生很多。

2 马林 ˇ ˊ
马林教授
认识马林教授
你认识马林教授吗?

3 办公室 ˋ ˉ ˋ
小办公室
那个小办公室

三 写出反义词

Give the antonym of the following words:

例 E.g. 大：小

1 多
2 小
3 这个
4 这儿

四 将陈述句改成带"吗"的疑问句

Turn the declarative sentences into questions with the modal particle"吗":

例 E.g. 他姓王。 他姓王吗?

1 他是丁教授。
2 白小姐认识他。
3 中文系的办公室很大。
4 王先生找我。
5 他姓王。
6 白小姐也有弟弟。
7 王先生在办公室。
8 中文系的老师也很多。

五 在下列必须加"的"的词组中加上"的"

Add the structural particle"的"to the following phrases where necessary:

例 E.g. 弟弟老师： 弟弟的老师

1 我家
2 谁老师

3 妹妹老师
4 他们家
5 我爸爸
6 爸爸学生
7 丁教授办公室
8 他办公室
9 这个办公室
10 丁文月奶奶

六 用下列词语造带“吗”的疑问句

Make interrogative sentences with “吗”, using the following phrases:

例 E.g. 中文系 请问,这儿是中文系吗?

1 王先生的办公室

2 丁小姐家

3 白老师的办公室

4 他是王云山

5 你认识马教授

七 用下列词语造句

Make sentences with the following phrases:

例 E.g. 在那儿 他的办公室在那儿。

1 在中文系
2 在办公室
3 在家
4 在丁小姐家
5 在这儿

八 根据拼音写出汉字
Write out the characters for the following phonetic notations:

1 bù shǎo
2 xiǎo bàngōngshì
3 zhōngwén xì
4 qǐngwèn
5 nǎr
6 nàr
7 zhèr

九 选择正确的汉字
Choose the right characters:

1 zhǎo *A* 找 *B* 我
2 nà *A* 哪 *B* 那
3 wèn *A* 间 *B* 问
4 kè *A* 客 *B* 容
5 gōng *A* 么 *B* 公

十 根据课文问答问题
Answer questions based on the text:

1 中文系的老师多吗?

2 客人找谁?
3 马林教授在哪儿?

十一 完成对话
Complete the dialogues:

1 A:
B:对
A:
B:他不在家。
A:
B:不谢。

2 A:你是中文系的学生吗?
B:
A:你知道中文系办公室在哪儿吗?
B:
A:谢谢!
B:

十二 向人打听王先生的办公室在哪儿
Ask where Mr. Wang's office is.

十三 打听是否认识丁小姐
Ask if the person knows Miss Ding.

十四 学写汉字

Learn to write the characters:

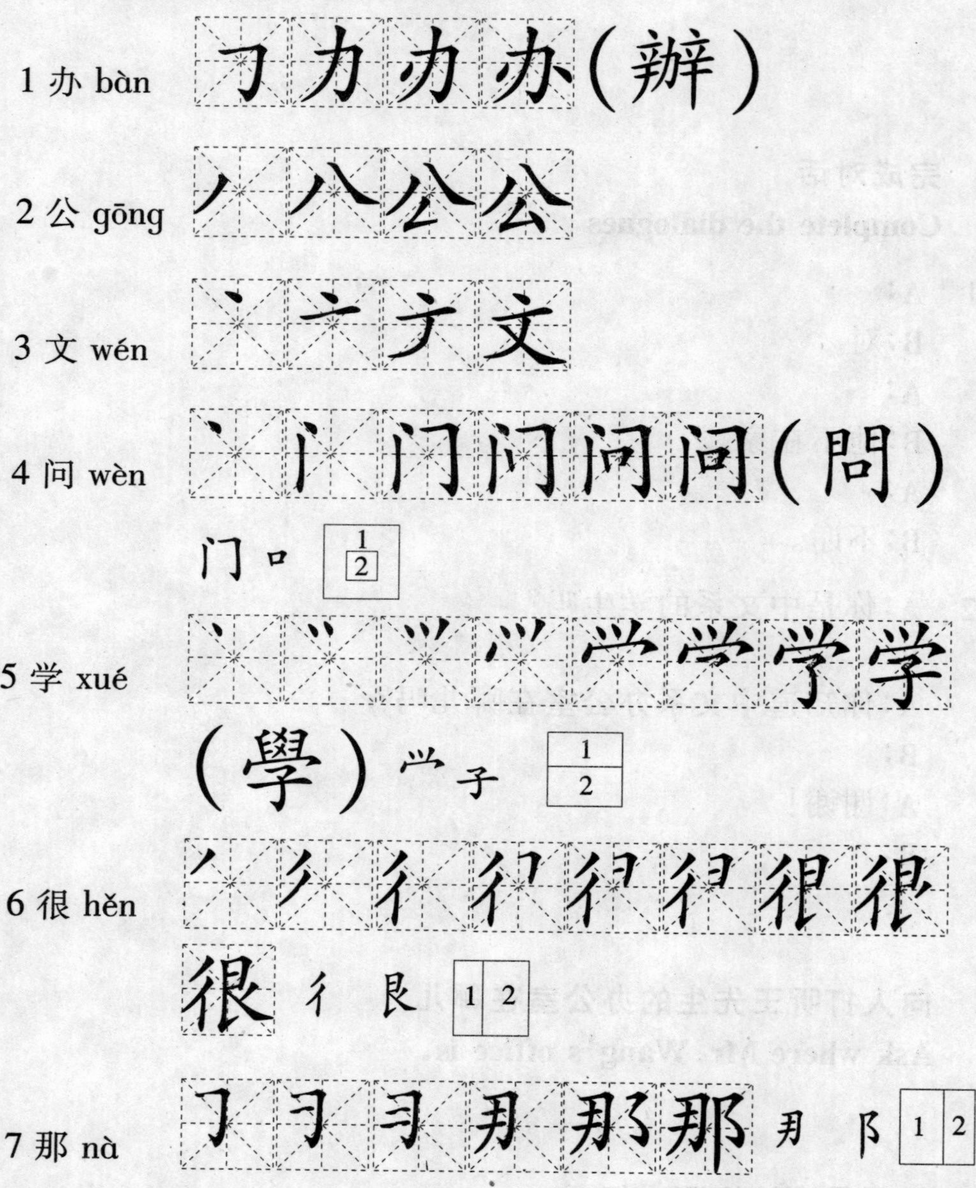

附 Supplement:

门　门字框　ménzìkuàng

学　学字头　xuézìtóu

彳　双人旁　shuāngrénpáng

阝　右耳旁　yòu'ěrpáng

第十四课 Lesson 14

一 请读下列词语
Read the following expressions：

1 tóng xué ˊ ˊ
2 péng you ˊ ·
3 jīngjì xì ˉ ˋ ˋ
4 nǎ guó rén ˇ ˊ ˊ
5 中国人 ˉ ˊ ˊ

6 美国人 ˇ ˊ ˊ
7 日本人 ˋ ˇ ˊ
8 学习汉语 ˊ ˊ ˋ ˇ
9 介绍一下儿 ˋ ˋ ˊ ˋ
10 认识你很高兴 ˋ · ˇ ˇ ˉ ˋ

二 扩展练习
Extension exercises：

1 学习 ˊ ˊ
　　在历史系学习 ˋ ˋ ˋ ˊ ˊ
　　都在历史系学习 ˉ ˋ ˋ ˋ ˊ ˊ
　　我们都在历史系学习 ˇ · ˉ ˋ ˋ ˋ ˊ ˊ

2 朋友 ˊ ·
　　两个朋友 ˇ ˋ ˊ ·
　　我妹妹的两个朋友 ˇ ˋ · ˇ ˋ ˊ ·
　　是我妹妹的两个朋友 ˋ ˇ ˋ · ˇ ˋ ˊ ·
　　这是我妹妹的两个朋友 ˋ ˋ ˇ ˋ · ˇ ˋ ˊ ·

三 选择填空
Choose the right particle to complete the sentences：

1 你是日本人____？（吗　　呢）

2 马教授是哪国人____?(吗 呢 吧)
3 我学习汉语,你____?(吗 呢 吧)
4 你认识我哥哥____?(呢 吗)
5 中文系的老师不少____?(吧 呢)

四 选择题

Circle the letter to indicate where the given word or phrase should be placed:

1 *A* 丁小姐 *B* 学习 *C*。 在中文系
2 *A* 你 *B* 来介绍 *C*。 一下儿
3 *A* 妈妈 *B* 高兴 *C*。 很
4 *A* 我们 *B* 是 *C* 中国人 *D*。 都

五 用括号里的词完成句子

Complete the sentences using the words in parenthesis:

1 丁文月学习汉语,田中平____________。(也)
2 王云山在历史系学习,罗杰____________,(也)
他们________________。(都)
3 罗杰是美国人,张力____________。(也)

六 写出"…呢"的完整句子

Write out the complete sentences for the elliptical questions with "呢":

例 E.g. 我学习汉语,你呢?
你也学习汉语吗?

1 我是中国人,你呢?

2 你妹妹认识王老师，你姐姐呢？

3 白小姐没有妹妹，丁小姐呢？

4 中文系的学生很多，老师呢？

5 中文系的学生很多，历史系的呢？

七 根据课文填空

Fill in the blanks based on the text:

我____田中，我是____人。我____丁小姐__在中文系____汉语。罗杰是____人，____在历史系____。张力是经济系的____。

八 选择正确的汉字

Choose the right characters:

1 xué *A* 学 *B* 觉
2 xìng *A* 尖 *B* 兴
3 běn *A* 本 *B* 木
4 shǐ *A* 吏 *B* 史
5 dōu *A* 部 *B* 都

九 根据提示组字

Follow the clue to complete the characters:

1 人 人　　2 纟 纟　　3 氵 氵
　　人　　　　纟　　　　氵

十 根据据课文回答问题

Answer questions based on the text:

1 罗杰是哪国人？在哪个系学习？
2 张力在哪个系学习？
3 田中平是哪国人？在哪个系学习？
4 为什么王云山来介绍？

十一 互相介绍

Introduce people to one another:

提示： A：中文系的学生　日本人
prompt：A： a student in the Department of Chinese Language and Literature, a Japanese
B： A 的汉语老师　王教授　中国人
A's Chinese teacher, Professor Wang, a Chinese
C： A 的朋友　美国人　历史系的学生
A's friend, an American, a student in the Department of History
D： A 的姐姐
A's elder sister

十二 你有两个朋友，他们不认识，请你介绍一下儿，并用汉字写下来

You have two friends who do not know each other. Please introduce them to one another and write it down in characters.

十三 学写汉字

Learn to write the characters:

1 来 lái

2 天 tiān

3 本 běn

4 史 shǐ

5 绍 shào

6 同 tóng

7 国 guó

8 会 huì

9 历 lì

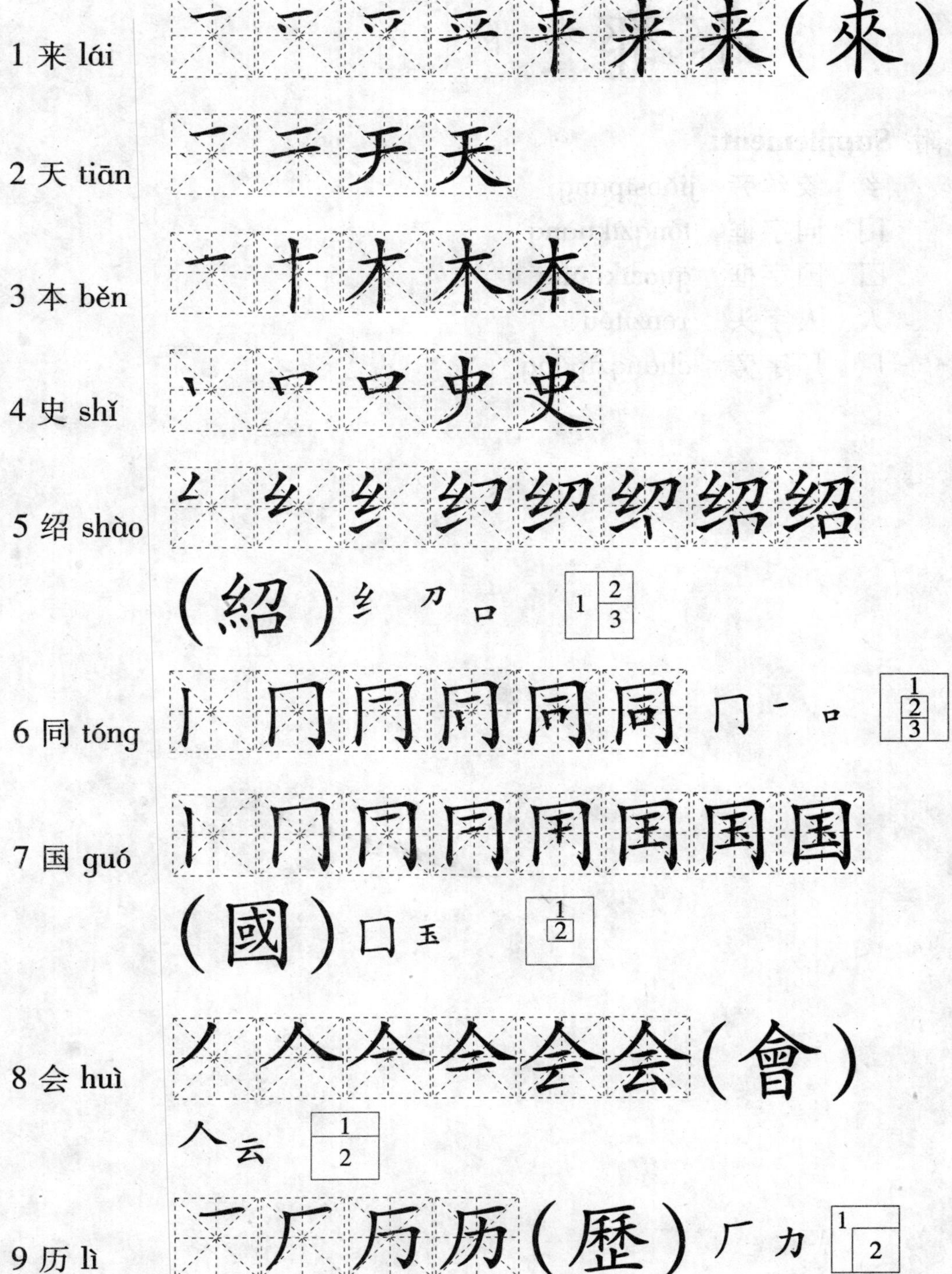

10 都 dōu

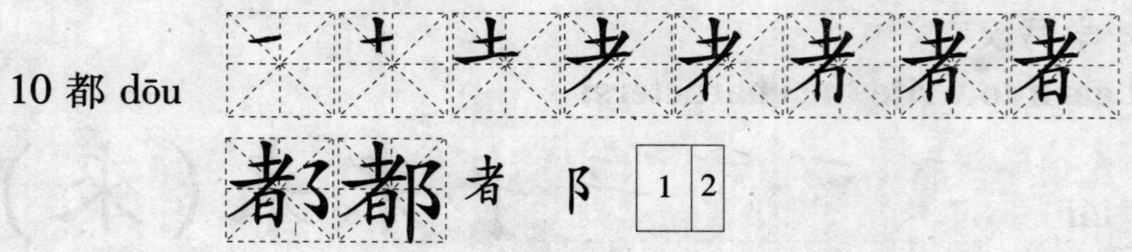

附 **Supplement:**

纟 绞丝旁 jiǎosīpáng
冂 同字框 tóngzìkuàng
囗 国字框 guózìkuàng
人 人字头 rénzìtóu
厂 厂字旁 chǎngzìpáng

第十五课 Lesson 15

一　读下列词语

Read the following expressions:

1 yóujú　ˊˊ

2 yóupiào　ˊˋ

3 xìnfēng　ˊˉ

4 kāi mén　ˊˊ

5 shāngdiàn　ˉˋ

6 去哪儿　ˋˇ

7 寄封信　ˋˉˋ

8 明天开学　ˊˉ　ˉˊ

9 买东西　˪ˉ.

二　扩展练习

Extension exercises:

1　开门　ˉˊ

今天开门　ˉˉ　ˉˊ

邮局今天开门　ˊˊ　ˉˉ　ˉˊ

听说邮局今天开门。　ˉˉ　ˊˊ　ˉˉ　ˉˊ

2　商店　ˉˋ

去商店　ˋˉˋ

去商店买东西　ˋˉˋ　˪ˉ.

我去商店买东西。　˪ˋˉˋ　˪ˉ.

三　填写量词并注明"一"的变调

Fill in the blanks with the right measure words and mark the changes of tone for"一":

例 E.g.　一<u>个</u>弟弟

yí

本　　封　　个　　个　　张　　张　　支

1　一______信　　　　4　一______词典

2　一______邮票　　　5　一______本子

3　一______信封　　　6　一______笔

四　组词成句

Arrange the following words in the order of a sentence:

1　哪儿　你　去？
2　什么　你　买？
3　商店　本子　我姐姐　买　去。
4　开门　商店　吗　明天？

五　用下列词语造带"听说"的句子

Make sentencese with "听说" using the following phrases:

例 E.g.邮局开门　听说今天邮局开门。

1　是中国人
2　在经济系学习
3　没有爸爸
4　也姓王
5　认识马教授
6　有两个中国朋友

六　用下列词语造连动句

Use the following phrases to make sentences with verbal con-

structions in series：

例 E.g. 邮局 邮票 我去邮局买邮票。

1 邮局 信封
2 商店 本子
3 那儿 东西
4 大商店 词典
5 小商店 笔

七 根据拼音写出词语

Write out the characters for the phonetic notation：

1 qù nǎr
2 yóu jú
3 jǐ gè běnzi
4 jǐ fēng xìn
5 zhīdao
6 mǎi xiē zhǐ

八 根据课文回答问题

Answer questions based on the text：

1 李天明去哪儿？买什么？
2 田中平去哪儿？买什么？张力呢？

九 你去商店，在路上遇到一个朋友，你怎么跟他打招呼，聊天，并用汉字记下来

What do you say to him/her when you run into a friend of yours on your way to a store? Write it down in characters.

十 学写汉字

Learn to write the characters:

1　去　qù

2　东　dōng

3　西　xī

4　开　kāi

5　局　jú

6　买　mǎi

7　张　zhāng

8　店　diàn

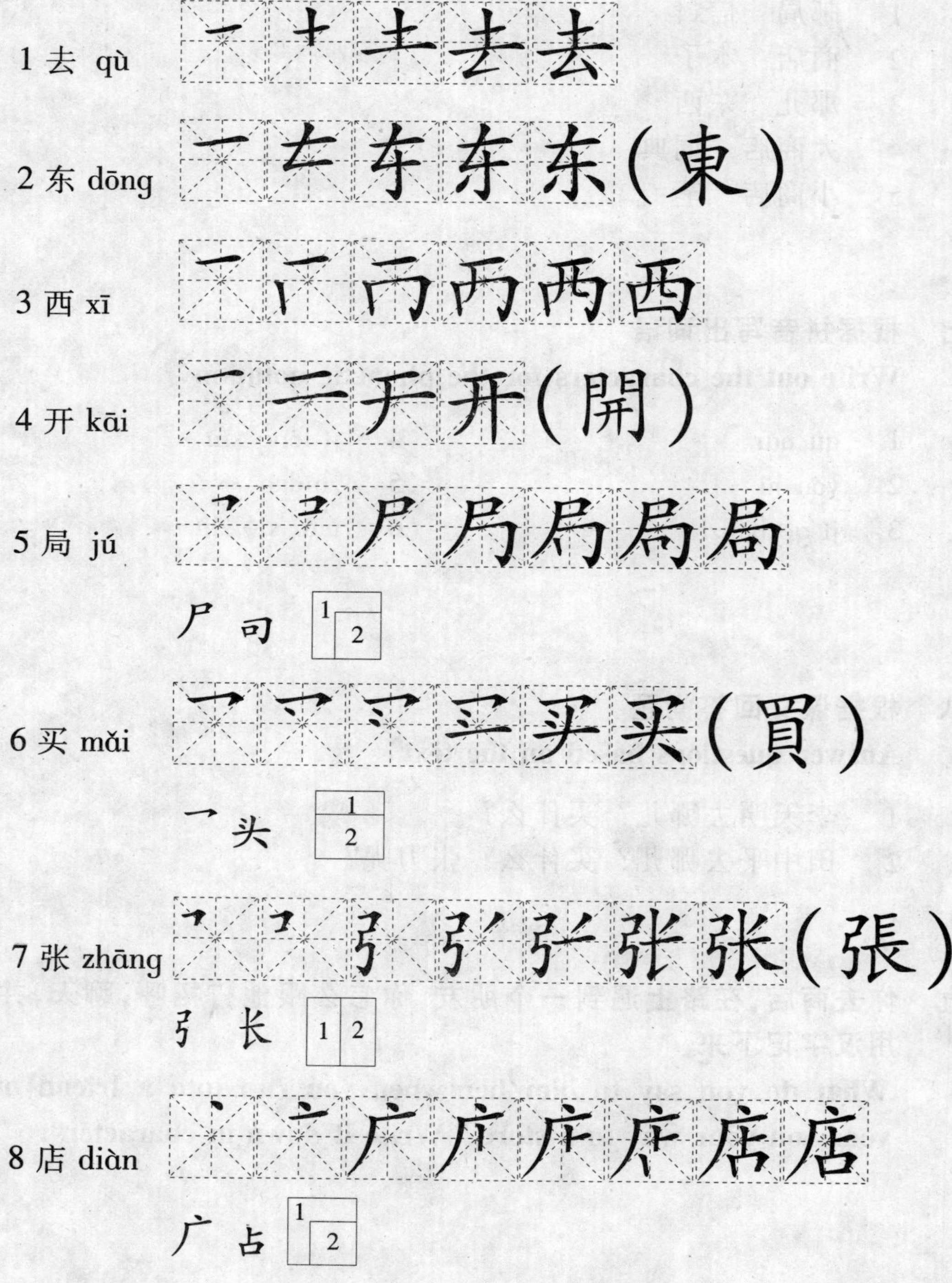

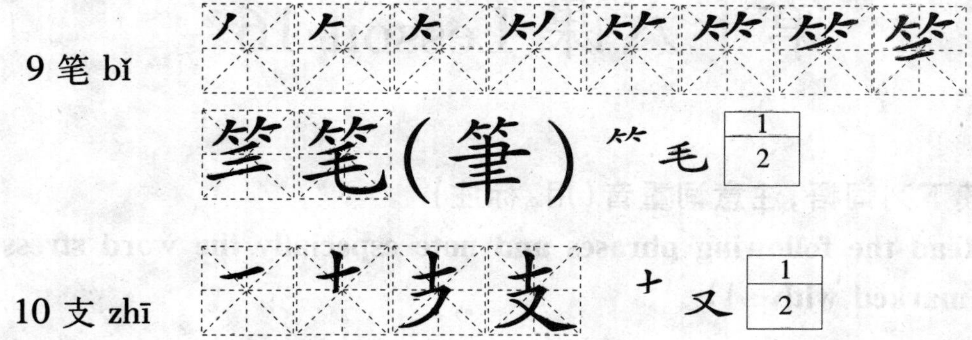

9 笔 bǐ

10 支 zhī

附 Supplement:

尸 尸字旁 shīzìpáng

弓 弓字旁 gōngzìpáng

广 广字旁 guǎngzìpáng

⺮ 竹字头 zhúzìtóu

第十六课 Lesson 16

一 读下列词语,注意词重音(用△标注)

Read the following phrases and note especially the word stress (marked with △):

1 qiānzhèng ˉ ˋ
 △

2 hùzhào ˋ ˋ
 △

3 xìngmíng ˋ ˊ
 △

4 xìngbié ˋ ˊ
 △

5 zhùzhǐ ˋ ˇ
 △

6 申请签证 ˉ ˇ ˉ ˋ
 △

7 出生日期 ˉ ˉ ˋ ˉ
 △

8 邮政编码 ˊ ˋ ˉ ˇ
 △

9 电话号码 ˋ ˋ ˊ ˇ
 △

10 写汉字 ˇ ˋ ˋ
 △

11 说汉语 ˉ ˋ ˇ
 △

12 对不起 ˋ . ˇ
 △

13 没关系 ˊ ˉ .
 △

14 谢谢 ˋ .
 △

15 不客气 ˊ ˋ .
 △

二 扩展练习

Extension exercises:

1 护照 ˋ ˋ
 我的护照 ˇ . ˋ ˋ
 是我的护照 . ˇ . ˋ ˋ
 这是我的护照。 ˋ . ˇ . ˋ ˋ

2 签个字 ˉ . ˋ
 在这儿签个字 ˋ ˋ ˉ . ˋ

你在这儿签个字。 ˪ˋˋ ˉ·ˋ

三 用下面的词语造句

Made sentences with 帮… + verb:

例 E.g. 帮… + 动词

你帮我填吧。

1 帮 写
2 帮 说
3 帮 问
4 帮 买
5 帮 寄

四 组词成句

Arrange the following words in the order of a sentence:

1 护照 的 这 我 是
2 电话号码 62012288 是 我 的
3 5日 1974年 出生日期 我 是 的 3月
住址 14号 西长安街 的 我 北京市 是

五 根据提示组字并组词(语)

Follow the clue to complete the characters and form words (or phrases) with them:

例 E.g. 宀客:客人

1 讠 讠
讠
讠

2 扌 扌
扌
扌

六 给下列词语注音

Give the phonetic notation to the following words:

1 申请	3 住址	5 签证
2 电话	4 地点	6 邮政

七 根据课文回答问题

Answer questions based on the text:

1 谢小英来干什么?

2 为什么谢小兰不自己填表?

3 复述谢小兰的性别、出生日期、住址、邮政编码和电话号码。(提示:用动词“是”)

八 根据实际情况填写下列表格并口述

Complete the following form and read it:

新 生 登 记 表

<table>
<tr><td rowspan="2">姓名</td><td>中文</td><td></td><td>性别</td><td></td><td colspan="2">出生日期 年 月 日</td></tr>
<tr><td>英文</td><td></td><td>国籍</td><td colspan="3"></td></tr>
<tr><td colspan="2">住址</td><td colspan="3"></td><td>邮政编码</td><td></td></tr>
<tr><td colspan="2">通讯地址</td><td colspan="3"></td><td>电话号码</td><td></td></tr>
</table>

九 学写汉字

Learn to write the characters:

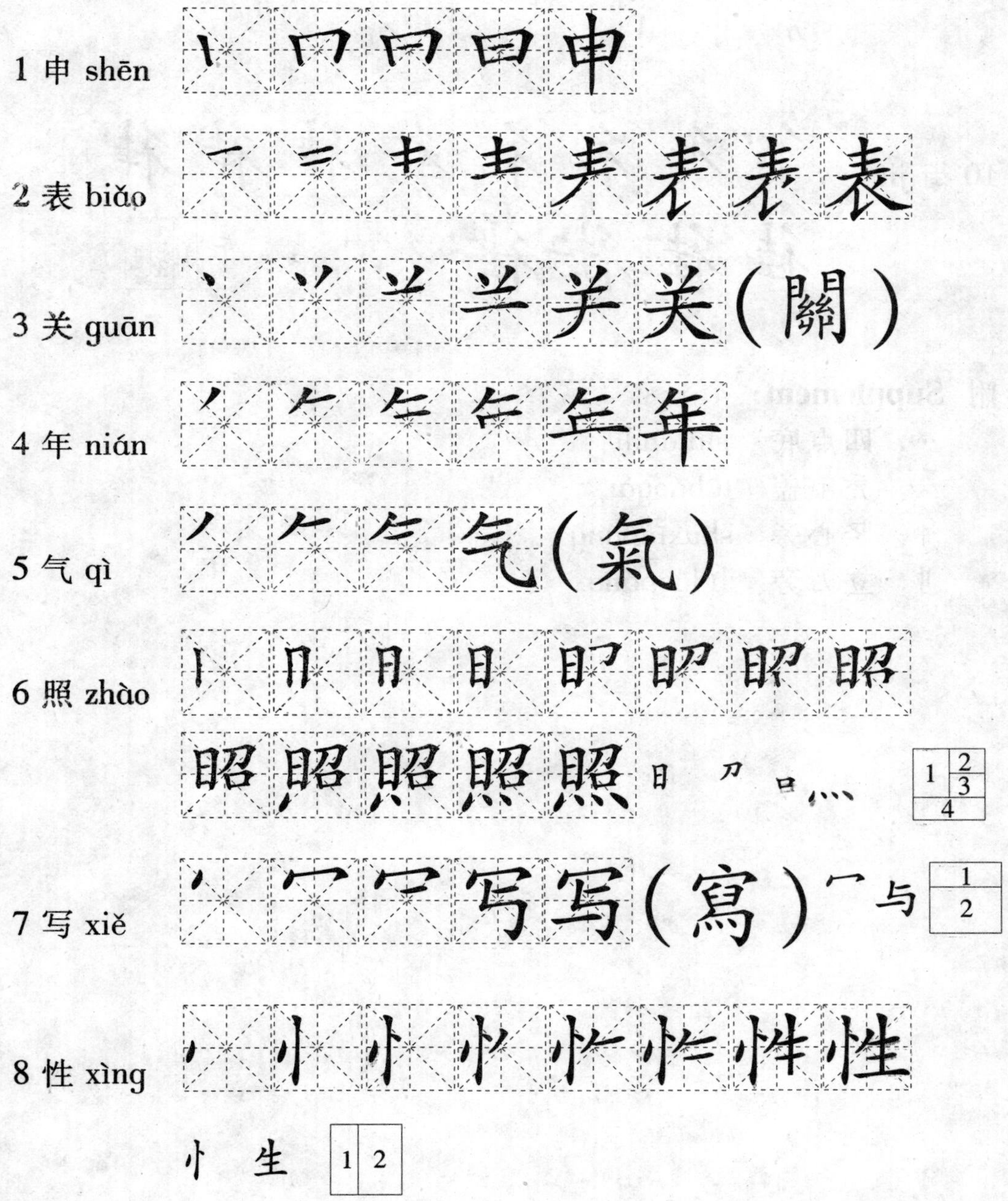

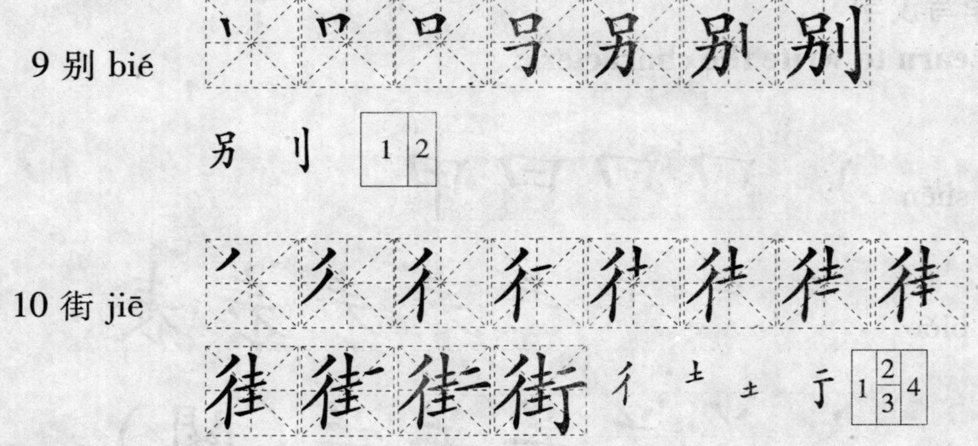

附 **Supplement:**

灬	四点底	sìdiǎndǐ
冖	秃宝盖	tūbǎogài
忄	竖心旁	shùxīnpáng
刂	立刀旁	lìdāopáng

第十七课 Lesson 17

一 读下列词语

Read the following expressions:

1 zìjǐ ˋ ˇ
2 wǒ jiā ˋ ˪ ˉ
3 kuaìjì ˋ ˉ
4 yīshēng ˉ ˉ
5 hùshi ˋ .
6 gōngchéngshī ˉ ˊ ˉ
7 duōshao rén ˉ . ˊ
8 gōngsī jīnglǐ ˉ ˉ ˉ ˇ

1 请大家介绍一下儿 ˪ ˋ ˉ ˋ ˋ ˊ ˋ
2 人很多 ˊ ˪ ˉ
3 中学老师 ˉ ˊ ˪ ˉ
4 一只小狗 ˋ ˉ ˊ ˇ

二 扩展练习

Extension exercises:

1 很忙 ˪ ˊ
工作很忙 ˉ ˋ ˪ ˊ
他们工作很忙 ˉ . ˉ ˋ ˪ ˊ
他们工作都很忙。ˉ . ˉ ˋ ˉ ˪ ˊ

2 身体好 ˉ ˇ ˇ
身体不好 ˉ ˇ ˋ ˇ
身体不太好 ˉ ˇ ˊ ˋ ˇ
我妈妈身体不太好。˪ ˉ . ˉ ˇ ˊ ˋ ˇ

三 用下列词语造句

Made sentences with the following phrases:

例 E.g. 只学习 我只学习汉语。

1 只有
2 只认识
3 只知道
4 只会写
5 只介绍
6 只填
7 只买
8 只会说

四 写出同义词

Give the synonyms:

1 祖父
2 祖母
3 父亲
4 母亲
5 父亲的哥哥
6 父亲的弟弟
7 父亲的姐姐
8 哥哥的妻子

五 用下列主谓词组造句

Make sentences with the following subject-verb constructions:

1 身体很好
2 工作不太忙
3 年纪很大
4 人不多

六 根据拼音写出汉字

Write out the characters for the phonetic notation:

1 zìjǐ
2 zǔfù
3 fùqin
4 hùzhào
5 gōngsī
6 gōngchéngshī
7 gūgu
8 gēge

七 根据提示组字再组词

Follow the clue to complete the characters and form words or phrases with them:

1 亻 亻
亻

2 纟 纟
纟

八 填空

Fill in the blanks:

祖父、祖母年____都很大,他们不____作。父亲是____司经理,母亲是____计,大哥是__程师,二哥是____生,姐姐是护____,我是中学____师。

九 根据课文回答问题

Answer questions based on the text:

1 李天明家有多少人?他们都工作吗?
2 林达家有几口人?她妈妈做什么工作?

十 介绍自己的家庭并写成短文

Say something about your family and write a short passage about it.

(提示:家庭人口,称谓,他们的年纪、身体、工作情况)

十一 学写汉字

Learn to write the characters:

1 自 zì

2 己 jǐ

3 父 fù

4 母 mǔ

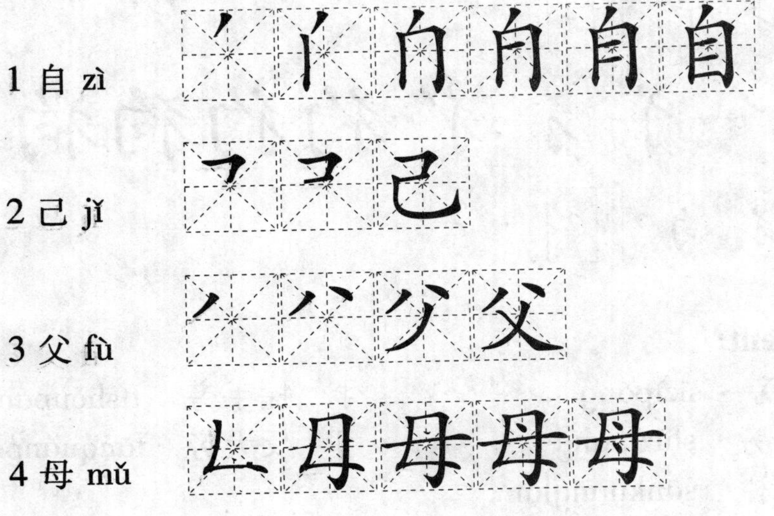

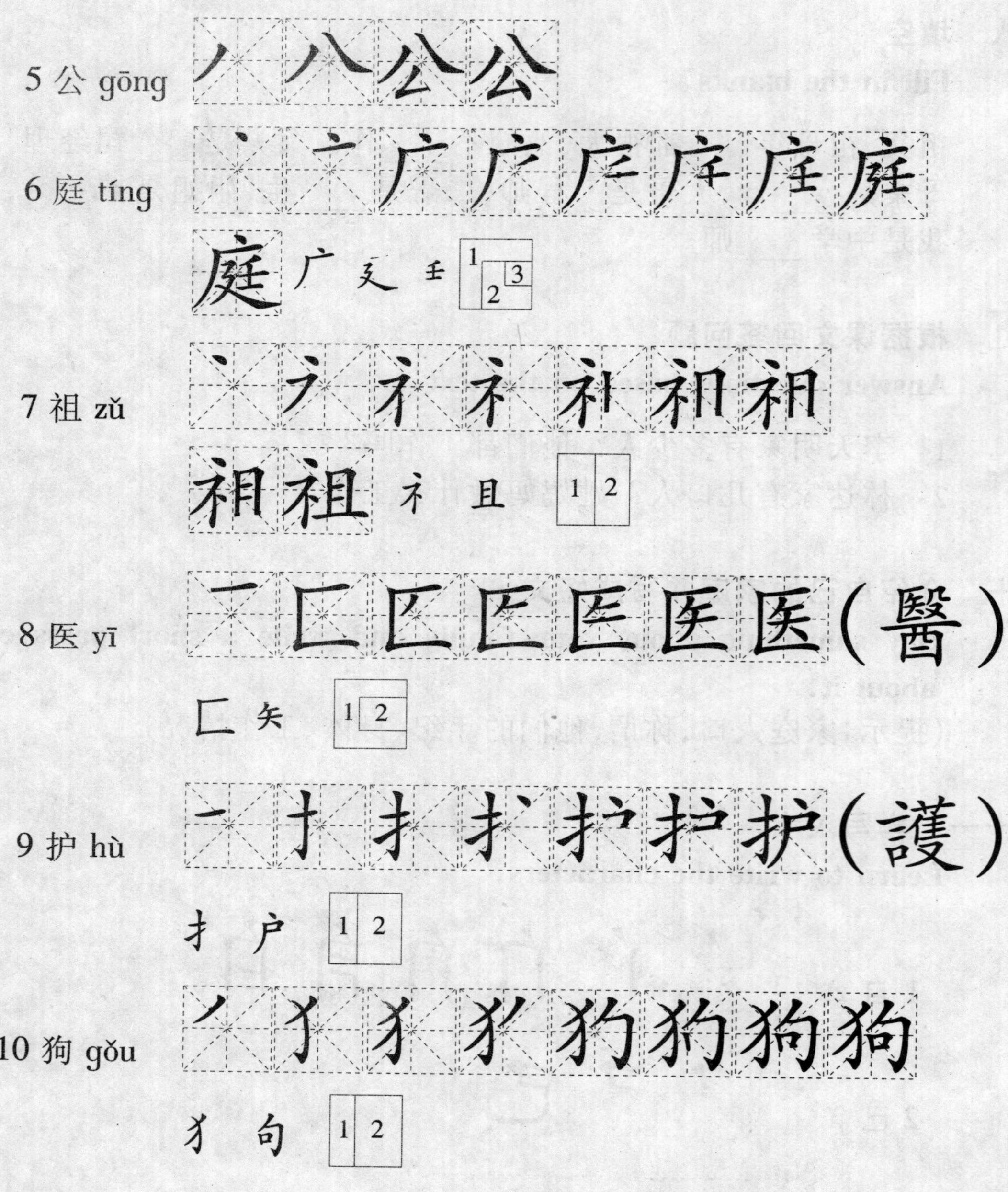

附 Supplement:

厶	私字旁	sīzìpáng	扌	提手旁	tíshǒupáng
礻	示字旁	shìzìpáng	犭	反犬旁	fǎnquǎnpáng
匚	三框栏	sānkuànglán			

第十八课 Lesson 18

一　读下列词语
Read the following expressions：

1　jīnnián　　ˉ　ˊ

2　zuótiān　　ˊ　ˉ

3　xuéxiào　　ˊ　ˋ

4　shàngwǔ　　ˋ　ˇ

5　xiàwǔ　　ˋ　ˇ

6　中国朋友　　ˉ　ˊ　ˊ　·

7　两个小时　　ˇ　·　ˇ　ˊ

8　每个星期天　　ˇ　·　ˉ　ˉ　ˉ

9　练习说汉语　　ˋ　ˊ　ˉ　ˋ　ˇ

10　明天星期一　　ˊ　ˉ　ˉ　ˊ　ˉ

二　扩展练习
Extension exercises：

1　汉语课　　ˋ　ˇ　ˋ

　　有汉语课　　ˇ　ˋ　ˇ　ˋ

　　有两节汉语课　　ˇ　ˇ　ˊ　ˋ　ˇ　ˋ

　　我有两节汉语课。　　ˇ　ˇ　ˇ　ˊ　ˋ　ˇ　ˋ

　　下午我有两节汉语课。　　ˋ　ˇ　ˇ　ˇ　ˇ　ˊ　ˋ　ˇ　ˋ

2　去不去　　ˋ　·　ˋ

　　去不去学校　　ˋ　·　ˋ　ˊ　ˋ

　　你去不去学校？　　ˇ　ˋ　·　ˋ　ˊ　ˋ

　　你今天去不去学校？　　ˇ　ˉ　ˉ　ˋ　·　ˋ　ˊ　ˋ

三 用下列词语造句

Make sentences with the following phrases:

1 从周二到周四
2 从 3 号到 10 号
3 从 6 岁到 12 岁
4 从一年级到四年级
5 每个星期
6 每个星期天
7 每个月
8 每个同学

四 填动词

Put in verbs:

例 E.g. 说汉语

1 ____学校
2 ____汉语
3 ____汉字
4 ____朋友
5 ____我
6 ____马教授
7 ____汉语课
8 ____问题

五 填量词

Put in measure words:

我们中文系一年级有三____班,每____班有十四____学生。我们每____星期有六____汉语课,每____课一____小时,每____上课我都去。

六 将下列句子改写成“不是…吗”的反问句

Turn the following sentences into questions with “不是…吗”:

例 E.g. 他会说汉语。 他不是会说汉语吗?

1 她姓丁。
2 王先生叫王云山。
3 中文系的学生很多。

4 我认识丁小姐。
5 我有两个妹妹。
6 罗杰在历史系学习。
7 谢小英不会写汉字。
8 田中平是日本人。

七　将下列句子改写成正反疑问句

Turn the following sentences into affirmative-negative questions:

例 E.g.　丁文月是中国人。
　　　　丁文月是不是中国人?

1　经济系四年级学生不多。
2　我二姐工作很忙。
3　明天我没有汉语课。
4　我不去邮局。
5　王先生今天来。
6　马教授在办公室。
7　张力不买汉语词典。
8　罗杰有中国朋友。

八　判断正误,在正确的句子前写√,错误的句子前写×,并改正。

Decide if the following sentences are correct. Put√ against the correct ones and × against the wrong ones and correct them:

1　父亲每天都很忙。
2　马教授每个年都去中国。
3　我们班每个上午都有二个汉语课。
4　明天上午你来不来吗?
5　我每个天都有汉语课。

九 填空

Put in the appropriate prases of time:

____ 星期二 ____	____ 星期三 ____	今天 星期四 5月6日	____ 星期五 ____	____ 星期六 ____

十 根据拼音写出词语

Write out the characters for the phonetic notation:

1 jīnnián　　3 měi tiān　　5 bā gè bān

2 niánjí　　4 měi nián　　6 bāngzhù

十一 给下列词语中带点的汉字注音

Give the phonetic notation for the dotted characters in the following words:

例 E.g.　住址 zhǐ

1 工作　　5 公司

2 昨天　　6 这么

3 同学　　7 今天

4 周一　　8 会计

十二 完成对话

Complete the dialogue:

A：
B：今天星期五。

A：
B：我有汉语课。

A：明天呢？
B：

十三 根据实际填写自己每个星期汉语课的安排并口述

Write down your Chinese classes in the following table and read it:

星期 \ 上午/下午	上午	下午
星期一		
星期二		
星期三		
星期四		
星期五		

每个星期有____节汉语课

十四 分别复述田中平、罗杰每周汉语课的安排

Tell about when Tianzhong Ping and Rodger have their Chinese classes every week.

十五 学写汉字

Learn to write the characters:

1 才 cái

2 么 me

3 午 wǔ

4 节 jié

5 到 dào

6 周 zhōu

7 前 qián

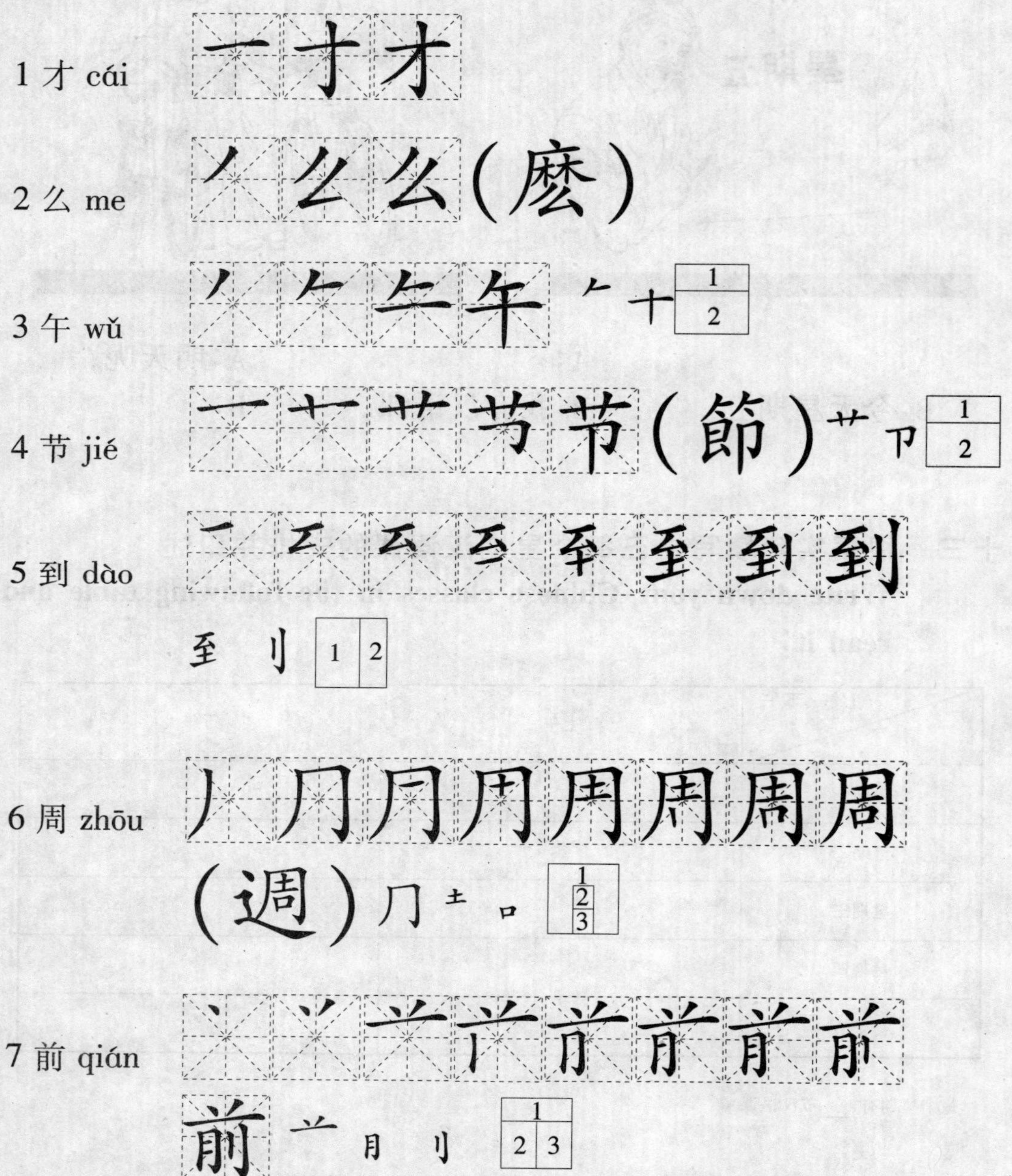

8 题 tí

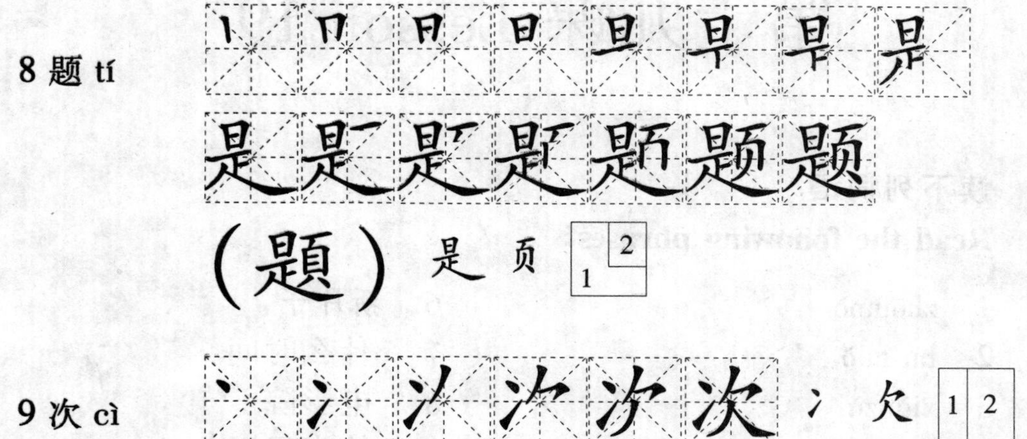

9 次 cì

附 **Supplement:**

艹 草字头 cǎozìtóu
是 是字旁 shìzìpáng
冫 两点水 liǎngdiǎnshuǐ

第十九课 Lesson 19

一 读下列词语
Read the following phrases：

1 zhōumò ˉ ˋ		6 新片子 ˉ ˋ .	
2 bú cuò ˊ ˋ		7 什么时间 ˊ˙ ˊ ˉ	
3 xiànzài ˋ ˋ		8 电影院 ˋ ˇ ˋ	
4 qī diǎnzhōng ˉ ˇ ˉ		9 给家里 ˇ ˉ ˙	
5 zěnmeyàng ˇ ˙ ˋ		10 打个电话 ˇ˙ ˋ ˋ	

二 扩展练习
Extension exercise：

看电影 ˋ ˋ ˇ

 看中国电影 ˋ ˉ ˊ ˋ ˇ

 去看中国电影 ˋ ˋ ˉ ˊ ˋ ˇ

 我们去看中国电影 ˇ˙ ˋ ˋ ˉ ˊ ˋ ˇ

 我们一起去看中国电影 ˇ˙ ˋ ˇ ˋ ˋ ˉ ˊ ˋ ˇ

三 用下列词语造带"在…见面"的句子
Make sentences with"在…见面"using the following phrases：

例 E.g.电影院门口儿 我们七点钟在电影院门口儿见面。

1 教室
2 中文系办公室
3 王小姐家
4 邮局门口儿
5 商店

四 用下列词造带"一起去 + 动词"的句子
Make sentences with "一起去 + verb" using the following phrases:

例 E.g. 邮票 我们一起去买邮票。

1 签证

2 电话

3 电影票

4 信

5 马教授

五 用下列词语造句
Make sentences with the following prepositional phrases:

1 给朋友

2 给我

3 给弟弟

4 给妈妈

5 给大家

六 判断正误，在正确的句子后面写√，不正确的句子后面写×
Decide if the following sentences are correct. Put√ against the

correct ones and × against the wrong ones:

1 一起我们去邮局。

2 我们去王教授的办公室一起。

3 明天上午九点我们见面在教室门口儿。

4 我今天见面一个朋友。

5 我们一起去买电影票吧。

七 完成句子

Complete the sentences:

例 E.g. 我们一起去看,怎么样?

1 ________________________________,怎么样?

2 ________________________________,怎么样?

3 ________________________________,怎么样?

4 ________________________________,好吗?

5 ________________________________,好吗?

八 根据拼音写出词语

Write out the characters for the phonetic notation:

1 xiànzài
2 jiànmiàn
3 zàijiàn
4 zěnmeyàng
5 shénme
6 bàn gè
7 qī diǎn
8 diànyǐng
9 ménkǒur
10 shíjiān
11 tīngshuō
12 gěi jiāli

九 组词成句

Arrange the following words in the order of a sentence:

1　八点　上午　明天　我　汉语课　有。

2　明天　九点　晚上　给　我　妈妈　打电话。

3　今天　五点　我　去　下午　朋友家。

4　星期天　上午　十点　去　商店　我们　买
东西　一起　好吗？

十　看图完成对话

Complete the dialogues with the aid of the pictures:

A：现在几点？
B：

A：现在几点？
B：

A：现在几点？
B：

A：现在几点？
B：

十一 完成对话

Complete the dialogue:

A:你上午几点有课?

B:十点。

A:

B:九点。

A:你现在就去上课?

B:

A:好吧。再见!

B:

十二 根据课文回答问题

Answer questions based on the text:

1 丁文月、田中平一起去看什么电影?

2 几点的电影?

3 他们几点见面? 在哪儿见面?

4 他们现在有电影票吗? 怎么办?

十三 与朋友相约去商店买东西(用下列词语:有事、好吗、太晚、怎么样、好吧、在商店门口儿、见面、一会儿)

Make an appointment with your friend to go shopping together (using:有事,好吗,太晚,怎么样,好吧,在商店门口儿,见面,一会儿).

十四 学写汉字

Learn to write the characters:

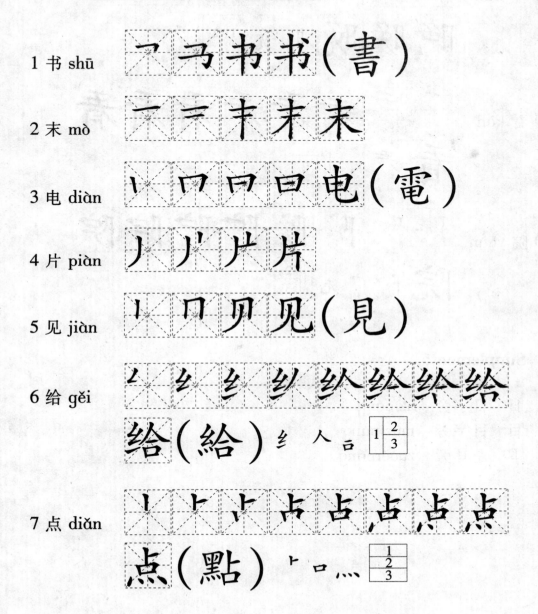

1 书 shū　㇇ ㇋ 书 书 书（書）

2 末 mò　一 二 丰 末 末

3 电 diàn　丨 冂 日 日 电（電）

4 片 piàn　丿 丿 片 片

5 见 jiàn　丨 冂 贝 见（見）

6 给 gěi　纟 纟 纟 纟 纷 给 给 给 给（給） 纟 人 口

1	2
	3

7 点 diǎn　丨 卜 卜 占 占 点 点 点 点（點） 卜 口 灬

1
2
3

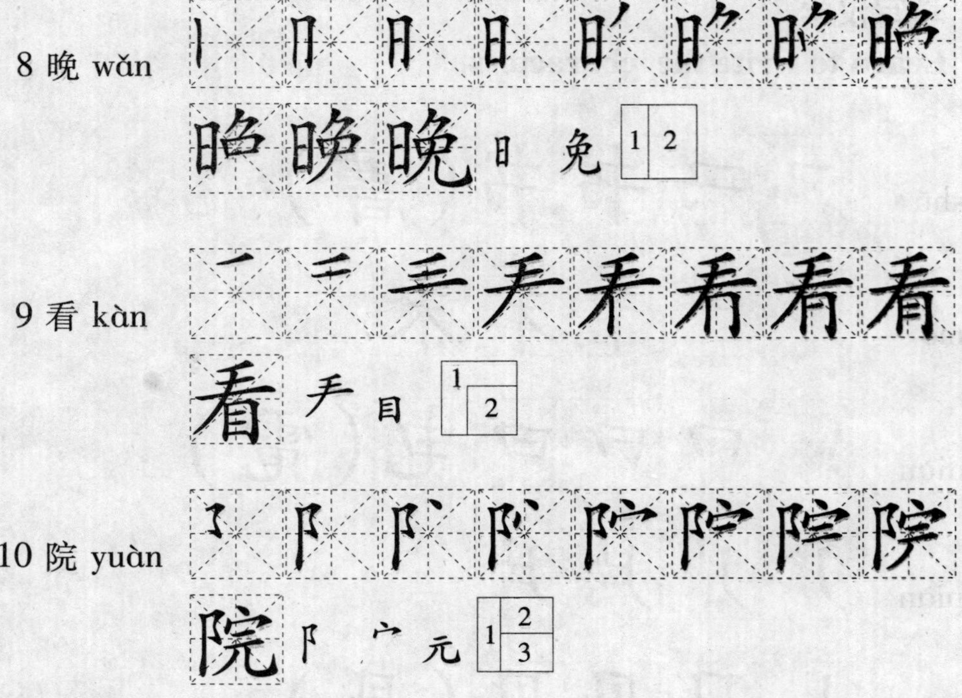

附 Supplement:

日　日字旁　rìzìpáng
目　目字旁　mùzìpáng
阝　左耳旁　zuǒěrpáng

第二十课 Lesson 20

一 读下列词语

Read the following phrases:

1 rénmínbì ˊ ˊ ˋ
2 kǒuyǔ ˊ ˇ
3 bǐrú ˪ ˊ
4 měiyuán ˪ ˊ
5 dàgài ˋ ˋ
6 duìhuàn ˋ ˋ
7 什么时候 ˊ ˙ ˊ ˙
8 下星期二 ˋ ˉ ˉ ˋ
9 有件事 ˪ ˋ ˋ
10 什么事 ˊ ˙ ˋ
11 中国银行 ˉ ˊ ˊ ˊ
12 到中国以后 ˋ ˉ ˊ ˪ ˋ

二 扩展练习

Extension exercises:

1 去旅行 ˋ ˪ ˊ
去中国旅行 ˋ ˉ ˊ ˪ ˊ
下个星期去中国旅行 ˋ ˋ ˉ ˉ ˋ ˉ ˊ ˪ ˊ

2 比价 ˪ ˋ
美元和人民币的比价 ˪ ˊ ˊ ˊ ˊ ˋ ˙ ˪ ˋ
现在美元和人民币的比价 ˋ ˋ ˪ ˊ ˊ ˊ ˊ ˋ ˙ ˪ ˋ

三 用书面语和口语分别读出下列钱数

Indicate the following amount of money in both the written and spoken forms:

1 5.00　　3 0.03　　5 8.30
2 0.50　　4 0.97　　6 9.56

7 17.05　　9 70.50　　11 715.30

8 43.05　　10 167.75　　12 919.68

四 填空

Complete the following sentences:

1 中国的钱叫________　　4 德国的钱叫________

2 美国的钱叫________　　5 英国的钱叫________

3 日本的钱叫________　　6 法国的钱叫________

五 用下列词语造带"去…旅行"的句子

Make sentences with "去…旅行" using the following phrases:

例 E.g. 下个月　　你下个月去中国旅行吗?

1 什么时候

2 下周末

3 后天

4 下星期一

六 用下列词造带"比如…,口语说…"的句子

Make sentences with "比如…,口语说…" using the following pairs of words:

例 E.g. 元 角 块 毛　比如七元六角,口语说七块六毛。

1 祖父　爷爷

2 祖母　奶奶

3 父亲　爸爸

4 母亲　妈妈

七 用"大概"回答下列问题

Answer the following questions with "大概":

1 那本词典多少钱?
2 现在几点?
3 罗杰是哪国人?
4 中文系一年级有多少学生?
5 你什么时候去银行?

八 用"…都行"回答下列问题

Answer the following questions with "…都行":

1 我们几点去学校?
2 去中国旅行带什么钱?
3 我们什么时候去申请签证?
4 你们星期几去看电影?

九 给下列词语注音

Give phonetic notation to the following words:

1 时间
2 问题
3 兑换
4 马克
5 银行
6 旅行
7 事儿

十 根据课文回答问题

Answer questions based on the text:

1 谢小英什么时候去中国旅行?
2 中国的钱叫什么?
3 中国的钱有几个单位?它们是什么?
4 到中国以后可以在哪儿兑换外币?

十一 学写汉字
Learn to write the characters

附 Supplement:

方　方字旁　fāngzìpáng　　⺌　尚字头　shàngzìtóu

钅　金字旁　jīnzìpáng

第二十一课 Lesson 21

一 **读下列词语（注意声调、词重音和小停顿）**

Read the following phrases (note the tones, stresses, and pauses):

1 参加
2 通俗
3 歌曲
4 音乐
5 先生
6 民歌
7 老师
8 信封
9 古典音乐
10 通俗歌曲
11 昨天下午
12 看美术展览
13 听音乐会
14 喜欢游泳
15 参加舞会
16 不太感兴趣

二 **扩展练习**

Extension exercises:

1 听音乐
喜欢听音乐
我喜欢听音乐

2 有兴趣
对音乐有兴趣
对音乐也有兴趣
我对音乐也有兴趣

三 用下列词语造带“对…有兴趣”的句子

Make sentences with “对…有兴趣” using the following phrases:

例 E.g. 音乐 我对音乐很有兴趣。

1 美术
2 学习汉语
3 中国电影
4 历史
5 去中国旅行

四 用副词“更”完成下列句子

Complete the following sentences with the adverb “更”:

例 E.g. 我喜欢听音乐,更喜欢听古典音乐。

1 他喜欢听民歌,________________。
2 我喜欢看美术展览,________________。
3 李天明爱打篮球,________________。
4 丁文月喜欢跳舞,________________。
5 她姐姐喜欢音乐,________________。

五 用连词“但是”完成下列句子

Complete the following sentences with the conjunction “但是”:

例 E.g. 我喜欢看打网球,但是不太喜欢打网球。

1 他爱看游泳,________________。
2 他年纪很大,________________。
3 他是中国人,________________。
4 我没有人民币,________________。
5 我上午不去学校,________________。

六 用下列词语造带语气助词“了”的句子并改成否定式

Make sentences with the modal particle“了”using the following phrases, and turn them into negative sentences:

例 E.g. 去邮局 我昨天去邮局了。
我昨天没有去邮局。

1 买词典

2 去看美术展览

3 听音乐会

4 跳舞

5 去中国旅行

6 打篮球

7 看电影

8 上汉语课

七 用“别的”完成句子

Complete the sentences with ”别的”:

例 E.g. 我只喜欢游泳,不喜欢别的。

1 我只买本子,____________________。
2 我只有人民币,____________________。
3 我只认识丁教授,____________________。
4 他只会写自己的名字,____________________。
5 妈妈只会说英语,____________________。

八　写出与下列句中画线词的意思相近的词

Replace the underlined words in the following sentences with synonyms:

1　你上哪儿?
2　十八元九角。
3　李天明爱打篮球。
4　李天明对音乐也有兴趣。

九　根据课文用“很、只、不太、更”填空

Put “很、只、不太 or 更” in the blanks based on the text:

1　丁文月____喜欢音乐。
2　李天明____喜欢运动。
3　丁文月____喜欢游泳。
4　李天明____喜欢跳舞。

十　分别复述丁文月、李天明喜欢什么,不太喜欢什么

Say something about Ding Wenyue and Li Tianming separately concerning what they like and dislike.

十一　说说自己的爱好并写成短文(用“喜欢、爱、对…感兴趣、很、还、也、只、不太、不”等词语)

Say something about your hobby and write a short passage about it (using “喜欢,爱,对…感兴趣,很,还,也,只,不太,不”etc).

十二 学写汉字

Learn to write the characters:

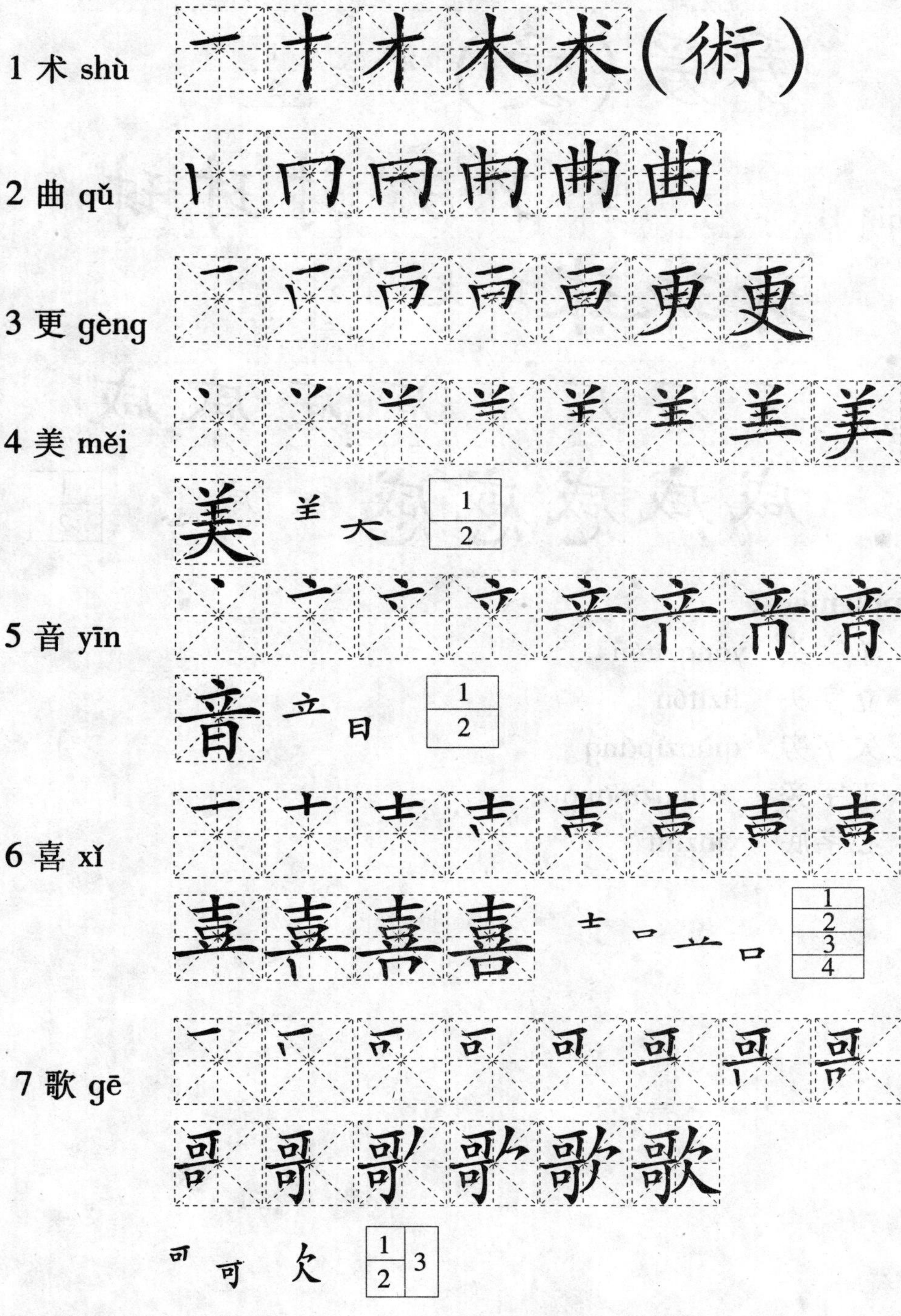

8 爱 ài

9 球 qiú

10 感 gǎn

附 **Supplement:**

羊 羊字头 yángzìtóu

立 立字头 lìzìtóu

欠 欠字旁 qiànzìpáng

王 王字旁 wángzìpáng

心 心字底 xīnzìdǐ

第二十二课 Lesson 22

一　**读下列词语(注意声调、词重音和小停顿)**
Read the following phrases (note the tones, stresses and pauses):

1　明天
2　学习
3　没有
4　邮票
5　麻烦
6　中文
7　女儿
8　姓名
9　十一点多了
10　该走了
11　太麻烦你了
12　看张照片
13　应该说
14　怎么称呼
15　多大岁数

二　**扩展练习**
Extension exercises:

1　吃饭
　　请你吃饭
　　我请你吃饭
　　中午我请你吃饭

2　母亲

我母亲 ˊ ˇ ˉ
是我母亲 ˋ ˊ ˇ ˉ
知道是我母亲 ˉ . • ˊ ˇ ˉ
怎么知道是我母亲 ˇ . ˉ . • ˊ ˇ ˉ
你怎么知道是我母亲 ˊ ˇ . ˉ . • ˊ ˇ ˉ

三 用"该…了"完成下列句子

Complete the following sentences with "该…了":

例 E.g. 八点了,<u>该上课了</u>。

1 六点半了,________________。
2 十二点了,________________。
3 十点多了,________________。
4 一个星期了,________________。
5 两个多月了,________________。
6 一个小时了,________________。

四 用下列词语造带"请"的句子

Make sentences with "请" using the following phrases:

例 E.g. 吃饭 今天中午我请你吃饭。

1 参加舞会

2 听音乐会

3 吃晚饭

4 看电影

5 帮助她填表

五 完成句子

Complete the sentences:

1 爸爸的爸爸是＿＿＿＿＿＿＿。
2 妈妈的爸爸是＿＿＿＿＿＿＿。
3 爸爸的妈妈是＿＿＿＿＿＿＿。
4 妈妈的妈妈是＿＿＿＿＿＿＿。
5 爸爸的弟弟是＿＿＿＿＿＿＿。
6 妈妈的弟弟是＿＿＿＿＿＿＿。

六 解释下面一段话中画线词的意思

Explain the underlined words in the following passage:

老爷、姥姥有三个孩子：舅舅、妈妈和姨。现在舅舅是大学教授，舅母是律师，表妹今年十岁，表弟才四岁。我姨是小学老师，我很喜欢她。

七 给下列汉字注音并组词

Give phonetic notation to the following characters and form words with them:

1 休＿＿ ＿＿　　3 己＿＿ ＿＿
2 体＿＿ ＿＿　　4 已＿＿ ＿＿

八 根据课文回答问题

Answer questions based on the text:

1 丁文月叫她妈妈的爸爸、妈妈什么？
2 丁文月的舅舅家有几口人？他们是谁？

九 说说你姥姥家的情况并写成短文

Say something about your maternal grandmother's family and write a short passage about it.

十 看图完成对话

Complete the dialogue with the aid of the pictures:

A:

B: 七岁。

A:

B: 十九岁。

A:

B: 八十多岁了。

十一 学写汉字

Learn to write the characters:

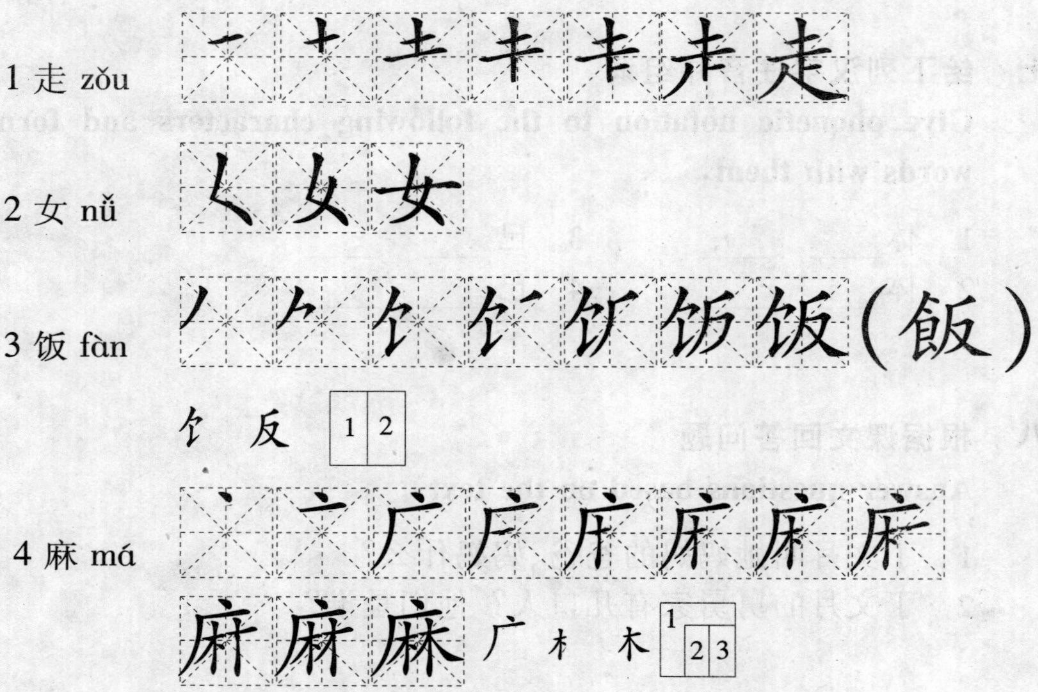

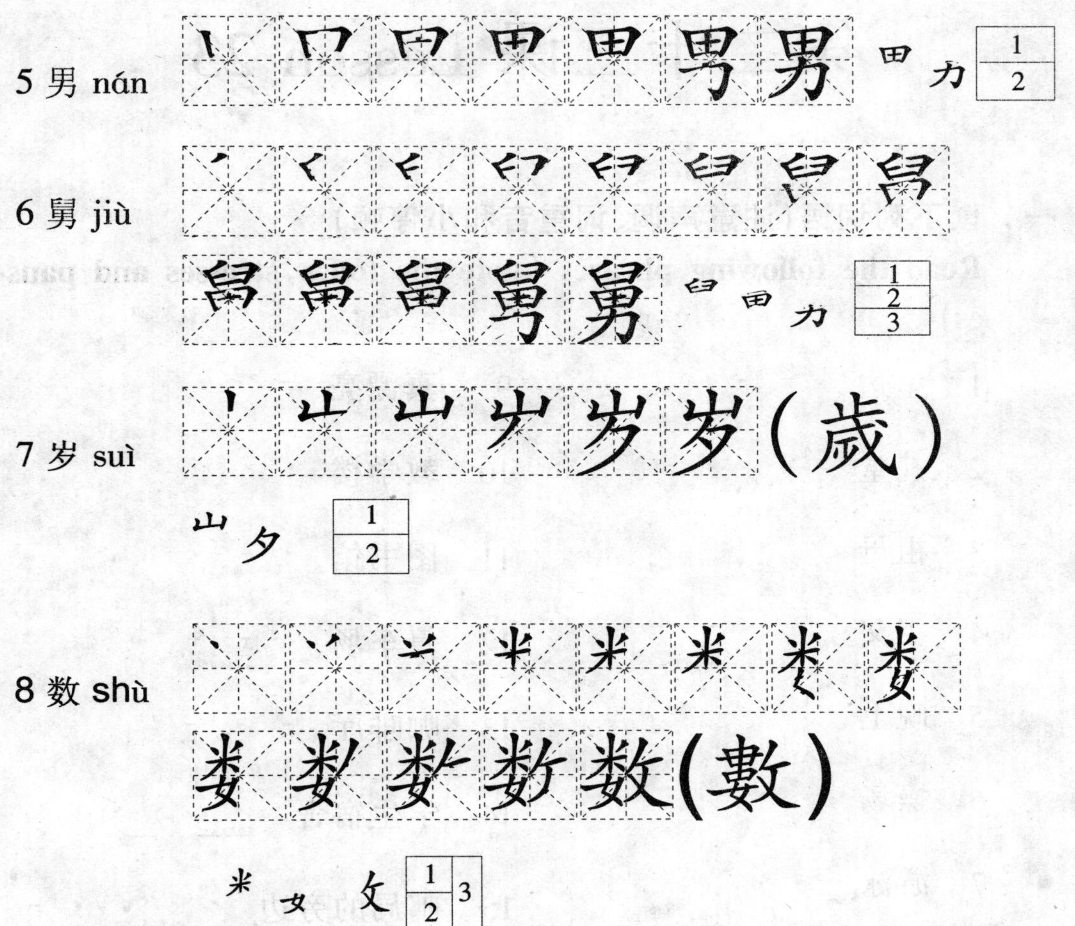

附 **Supplement:**

饣	食字旁	shízìpáng
力	力字底	lìzìdǐ
山	山字头	shānzìtóu
攵	反文旁	fǎnwénpáng

第二十三课 Lesson 23

一　读下列词语(注意声调、词重音和小停顿)

Read the following phrases (note the tones, stresses and pauses):

1　里边　　　　　　9　真漂亮

2　礼堂　　　　　　10　教学楼

3　祖母　　　　　　11　图书馆

4　祖父　　　　　　12　停车场

5　晚上　　　　　　13　咖啡厅

6　操场　　　　　　14　学生宿舍

7　游泳　　　　　　15　邮局的旁边

8　自己　　　　　　16　校园的外边

二　扩展练习

Extension exercise:

东边

体育馆的东边

在体育馆的东边

操场在体育馆的东边

三 填空

Fill in the blanks with the right words:

1 邮局前边____商店。(是 在)
2 经济系办公室____教学楼里边。(有 是 在)
3 咖啡厅____宿舍旁边。(有 在 是)
4 图书馆里____很多书。(在 有 是)
5 图书馆和体育馆中间____礼堂。(在 有 是)

四 先根据课文填空,然后画出示意图

Fill in the blanks based on the text and draw a sketch map:

校门在校园的____,图书馆在办公楼的____,图书馆的____是____教学楼,____是____教学楼,____教学楼的____是停车场,丁文月的教室在____教学楼的____层。礼堂在图书馆和体育馆的____。体育馆的东边是____,____是____。邮局在科学楼的____,邮局的旁边____银行,____的前边有咖啡厅。

五 用下列形容词造带"真…啊"的句子

Make sentences with "真…啊"using the following adjectives:

例 E.g. 漂亮 你们的校园真漂亮啊!

1 多
2 大
3 忙

4 不错
5 好

六 用下列词语造带"一边…一边…"的句子

Make sentences with "一边…一边…" using the following pairs of words:

例 E.g. 走 参观 他们一边走一边参观。

1 喝 听
2 写 读
3 唱歌 跳舞
4 看 听
5 吃 看

七 组词成句

Arrange the following words in the order of a sentence:

1 学生 教室 有 里 不 少。
2 外边 商店 校园 在。
3 前边 银行 咖啡厅 是 不。
4 前边 我家 大商店 一个 有。

八 给下列汉字注音并组词

Give phonetic notation to the following characters and form words with them:

1 处________ ________ 5 东________ ________
2 外________ ________ 6 车________ ________
3 场________ ________ 7 西________ ________
4 地________ ________ 8 四________ ________

九 根据拼音写出词

Write out the characters for the following phonetic notation:

1 diànyǐngyuàn

2 xiàoyuán

3 lǚxíng

4 yínháng

十 说说你家周围的环境并画出示意图(用方位词)

Say something about the surroundings of your house and draw a sketch map (using location words):

十一 介绍一下你的校园并写成短文(用方位词)

Say something about your campus and write a short passage about it (using location words).

十二 用所给的词语描述下面这幅图

Say something about the following picture using the words provided:

教室 老师
上课 同学
丁文月 田中平
张力 地图
门

十三 学写汉字

Learn to write the characters:

1 南 nán 一 十 冂 冂 内 内 冇 南 南

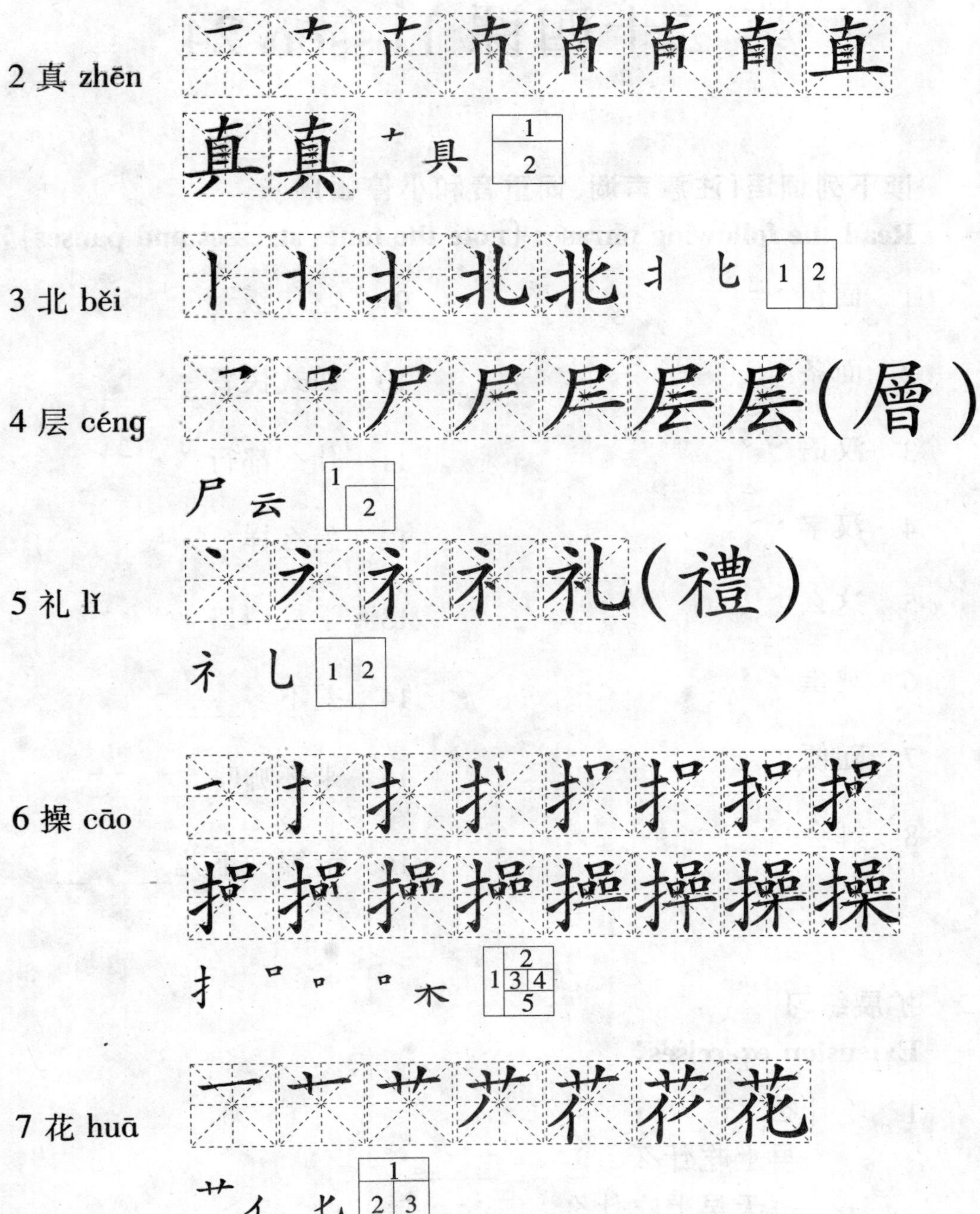
2 真 zhēn
3 北 běi
4 层 céng
层(層)
5 礼 lǐ
礼(禮)
6 操 cāo
7 花 huā

第二十四课 Lesson 24

一 读下列词语(注意声调、词重音和小停顿)

Read the following phrases (note the tones stresses and pauses):

1 面包 ˋ ˉ

2 面条 ˋ ˊ

3 汉语 ˋ ˇ

4 汉字 ˋ ˋ

5 这么 ˋ ·

6 鸡蛋 ˉ ˋ

7 随便 ˊ ˋ

8 舞会 ˪ ˋ

9 吃午饭 ˉ ˪ ˋ

10 西式快餐 ˉˋ ˋˉ

11 什么都行 ˊ · ˉ ˊ

12 怎么样 ˇ · ˋ

13 学校门口 ˊˋ ˊˇ

14 差不多 ˋ · ˉ

15 来杯咖啡 ˊˉ ˉˉ

16 请等一下儿 ˊˇ ˊˋ

二 扩展练习

Extension exercises:

1 吃什么 ˉ ˊ ·

早上吃什么 ˪ ˋ ˉ ˊ ·

每天早上吃什么 ˪ ˉ ˪ · ˉ ˊ ·

2 快餐店 ˋ ˉ ˋ

有个快餐店 ˪ ˋ ˋ ˉ ˋ

门口有个快餐店 ˊ ˇ ˪ ˋ ˋ ˉ ˋ

学校门口有个快餐店 ˊ ˋ ˊ ˇ ˪ ˋ ˋ ˉ ˋ

三 用下列词语造选择疑问句

Make alternative questions using the following phrases:

例 E.g. 中式快餐　西式快餐
　　咱们吃中式快餐还是西式快餐?

1 买书　　买词典
2 马教授　　王教授
3 去　　不去
4 今天　　明天
5 中国人　　日本人
6 工程师　　律师

四 根据括号里的词改写句子

Rewrite the sentences using the words in parentheses:

例:E.g. A:你去哪儿?　B:我去学校。(上)我上学校。

1 A:你要什么?
　B:要份沙拉。(来)

2 A:小姐,您买什么?
　B:要两支笔,再要几个本子。(来)

3 A:我每个星期有八节汉语课。
　B:我也有这么多节课。(差不多)

4 A:我妈妈今年五十岁。
　B:我妈妈四十九岁。(差不多)

5 A:你喜欢吃什么?
　B:什么都行。(随便)

五 用下列词语造句

Make sentences with the following phrases:

1 从
2 什么都行
3 点儿
4 等
5 差不多
6 随便

六 看图会话

Make dialogues:

1 包子 饺子 面条 炒米饭 茶

提示: 在中式快餐店服务员问马教授吃什么

situation: in a Chinese snack bar, the waiter asks Professor Ma what he would like to order

2　汉堡包　三明治　比萨饼　沙拉　炸土豆条　可乐　咖啡

提示：在西式快餐店　A 和 B 商量吃什么

situation：in a Western snack bar, A and B talk about what to order

七　根据课文回答问题

Answer questions based on the text:

1　丁文月和罗西是吃中式快餐还是西式快餐？

2　丁文月要了什么？罗西呢？

八　给下列汉字注音并组词

Give phonetic notation to the following characters and form words with them:

1　快______　________　　3　牛______　________

2　块______　________　　4　午______　________

九　根据提示组字并组词

Follow the clue to complete the characters and words with them:

1　少　少____　　2　阝　阝____　　3　饣　饣____

　　　少____　　　　　阝____　　　　　饣____

十 学写汉字

Learn to write the characters:

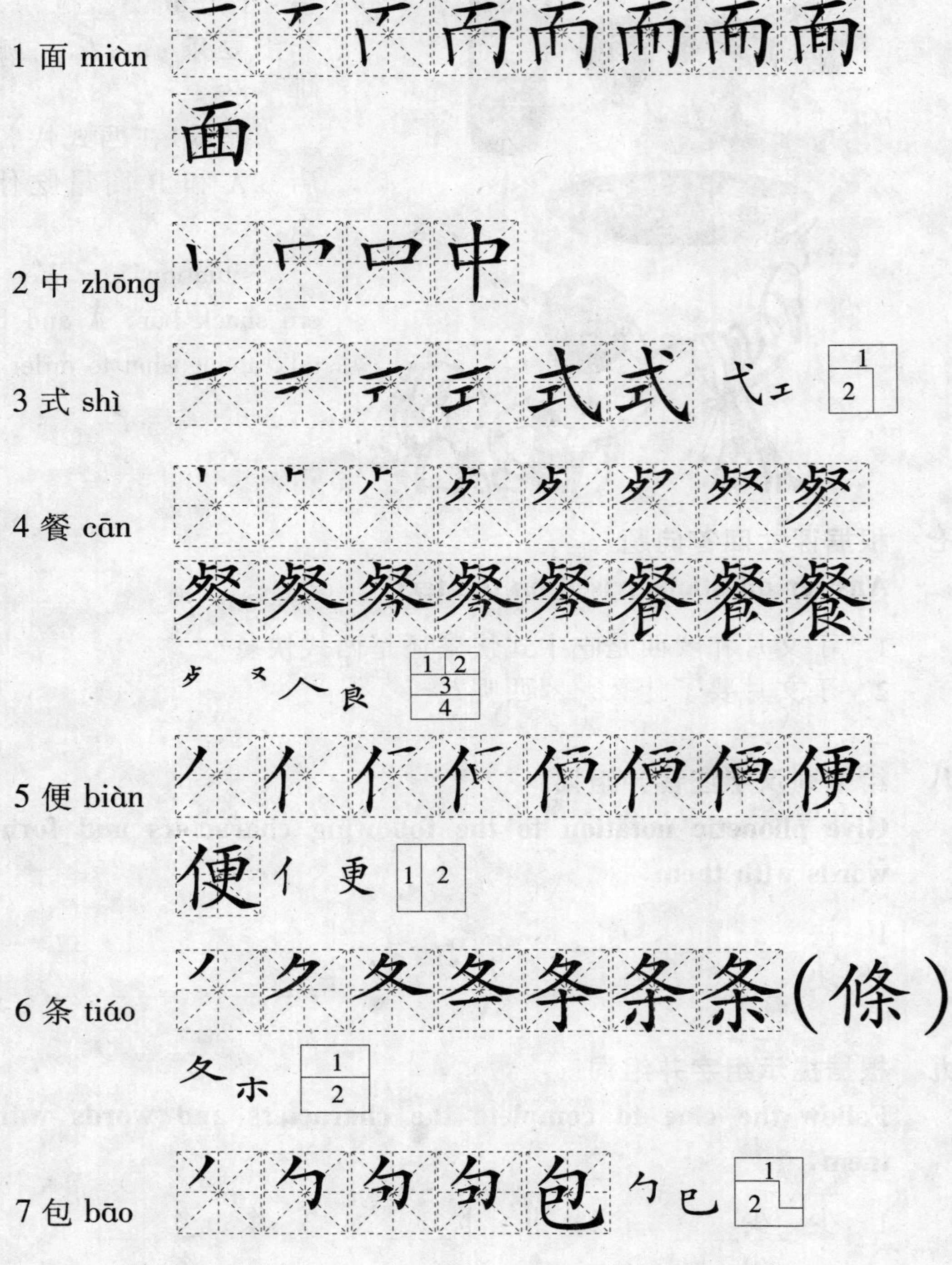

8 蛋 dàn

9 差 chà

10 等 děng

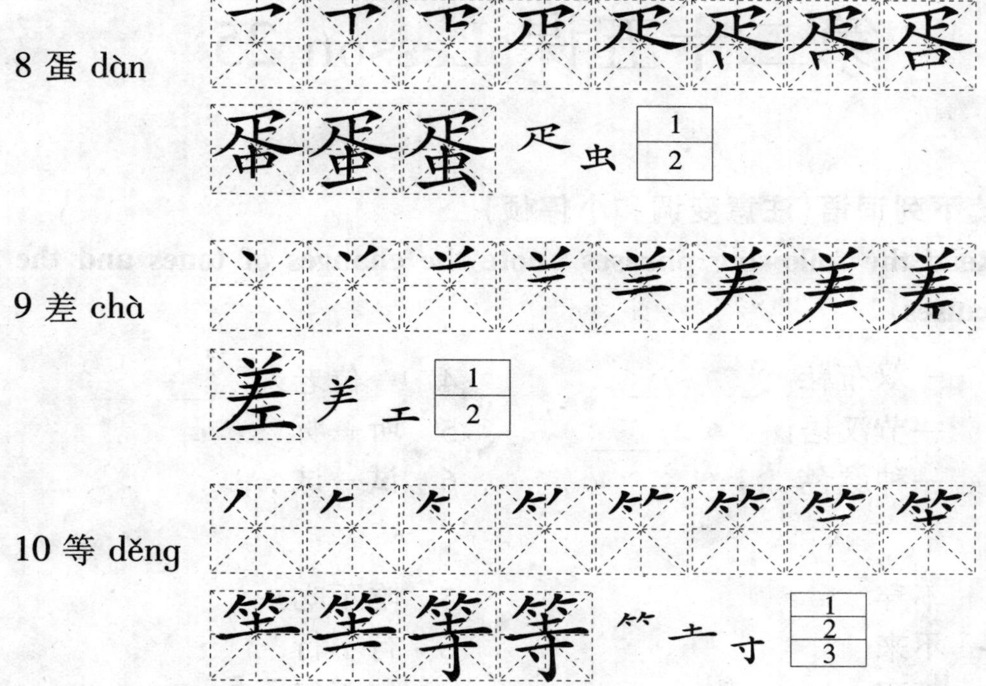

附 Supplement:

夂 折文头 zhéwéntóu

勹 包字头 bāozìtóu

虫 虫字底 chóngzìdǐ

第二十五课 Lesson 25

一 读下列词语（注意变调和小停顿）

Read the following phrases (note the changes of tones and the pauses):

1 一双布鞋 ˋˉ ˋˊ
2 一节汉语课 ˋˊ ˋ└ˋ
3 一种颜色 ˋˇ ˊˋ
4 一位老人 ˊˋ └ˊ
5 听一听 ˉ . ˉ
6 试一试 ˋ . ˋ

1 不穿 ˋ ˉ
2 不来 ˋ ˊ
3 不买 ˋ ˇ
4 不换 ˊ ˋ
5 吃不吃 ˉ . ˉ
6 行不行 ˊ · ˊ
7 好不好 └ · ˇ
8 看不看 ˋ . ˋ

1 中国布鞋 ˉ ˊ ˋ ˊ
2 好长时间 └ ˊ ˊ ˉ
3 当然可以 ˉ ˊ ˊ ˇ
4 多少钱 ˊ . ˊ
5 买点儿水果 ˊ ˇ ˊ ˇ

二 扩展练习

Extension exercise:

买东西 └ ˉ .

去中国城买东西 ˋˉˊˊ └ˉ.

要去中国城买东西 ˋˋˉˊˊ └ˉ.

我要去中国城买东西 └ˋˋ ˉˊˊ └ˉ.

下午我要去中国城买东西 ˋˇ └ˋˋ ˉˉˊ └ˉ.

三 用助动词"要"、"想"、"能"、"可以"的否定式改写下列句子
Rewrite the following sentences with the negative forms of the auxiliary verbs "要","想","能" or "可以":

例 E.g. 马教授要去中国。
马教授不想去中国。

1 王先生要买邮票。
2 我朋友要吃西式快餐。
3 丁小姐想吃面条。
4 我妹妹想学习汉语。
5 谢小英能说汉语。
6 今天晚上我们能去看电影。
7 明天我可以去学校。
8 下星期你可以去旅行。

四 用"好看"、"好听"、"好吃"、"好喝"完成下列对话
Complete the following dialogues with "好看","好听","好吃" or "好喝":

例 E.g. A：这种颜色怎么样？
B：这种颜色不好看。

1 A：这双布鞋怎么样？
B：
2 A：这次美术展览好看吗？
B：
3 A：今天的饺子怎么样？
B：
4 A：这个快餐店的汉堡包怎么样？
B：

5　A：中国音乐好听吗？
　B：
6　A：这种通俗歌曲怎么样？
　B：
7　A：这儿的咖啡怎么样？
　B：
8　A：哪一种茶好喝？
　B：

五　用下列词语造带助动词的句子
Make sentences with auxiliary verbs using the following phrases：

例 E.g.　吃饺子　　今天中午我想吃饺子。

1　看电影
2　听音乐会
3　看美术展览
4　去中国学习汉语
5　游泳
6　听爵士音乐
7　打篮球
8　跳舞

六　根据课文回答问题
Answer questions based on the text：

1　谁给丁文月打电话？
2　田中平和丁文月要去中国城做什么？
3　丁文月和田中平怎么去中国城？
4　在中国城，田中平要买什么？丁文月呢？

七 用“颜色、样式、便宜”询问买的布鞋好不好
Ask questions about the cloth shoes someone has bought using “颜色”,“样式”,“便宜”.

八 用“什么都可以”回答爱吃什么水果
Answer questions about what kind of fruit you would like, using ”什么都可以”.

九 给朋友打电话商量一起去听音乐会
Make a telephone call to your friend and ask him/her to go to a concert with you.

十 学写汉字
Learn to write the characters:

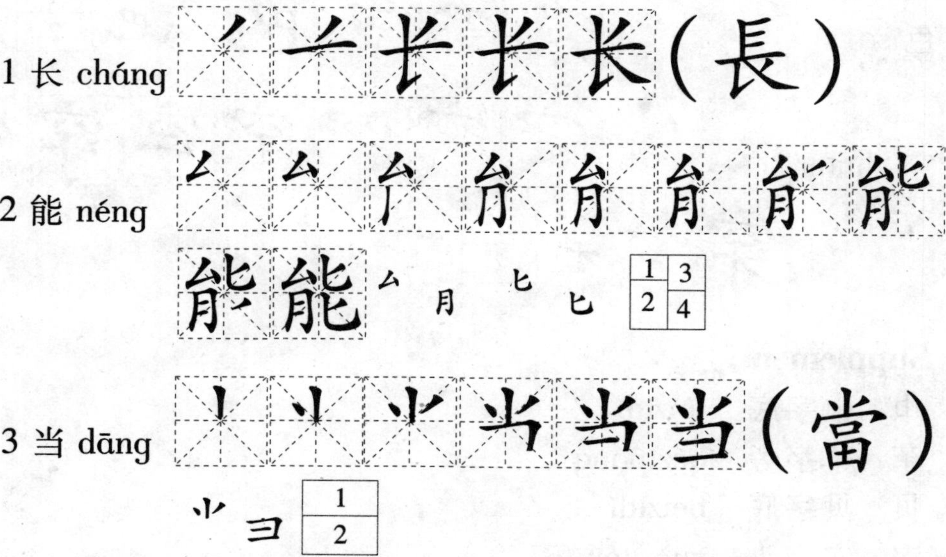

1 长 cháng （長）

2 能 néng

3 当 dāng （當）

4 可 kě

5 布 bù

6 鞋 xié

7 货 huò

8 色 sè

9 穿 chuān

附 **Supplement:**

巾	巾字底	jīnzìdǐ
革	革字旁	gézìpáng
贝	贝字底	bèizìdǐ
穴	穴字头	xuèzìtóu

第二十六课 Lesson 26

一　读下列词语(注意儿化和小停顿)

Read out the following words (pay attention to the retroflex finals and short pauses):

1　花儿　huār
2　哪儿　nǎr
3　那儿　nàr
4　事儿　shìr
5　这儿　zhèr
6　好好儿　hǎohāor
7　门口儿　ménkǒur
8　一点儿　yìdiǎnr
9　一会儿　yíhuìr
10　一下儿　yíxiàr
11　有点儿　yǒudiǎnr
12　怎么了
13　不太舒服
14　量量体温
15　给你点儿药
16　去医院看看
17　去看大夫
18　口语考试
19　替我请个假
20　好好儿休息休息

二　扩展练习

Extension exercise:

考试
　　口语考试
　　有口语考试
　　我有口语考试
　　下午我有口语考试

三 填空

Fill in the blanks:

1 填形容词 Fill with proper adjectives

(1) 身体______ (4) 头______

(2) 肚子______ (5) 年纪______

(3) 嗓子______ (6) 工作______

2 填动词 Fill with proper verbs

(1)______体温 (4)______药

(2)______医院 (5)______考试

(3)______大夫 (6)______口语

四 用"有点儿+动词/形容词"完成下列句子

Complete the following sentences, using the construction "有点儿+verb/adjective":

1 他的体温三十八度一,______________。

2 我身体______________,今天不去学校了。

3 这双布鞋______________,请换一双吧。

4 他肚子______________,中午不想吃饭了。

5 这几天我______________,不能去看你了。

五 用"要是…,就…"完成下列句子

Complete the following sentences, using the construction "要是…,就…":

1 明天要是还不好,你______________。

2 要是你喜欢这种样子,______________。

3 你要是不舒服,______________。

4 要是没有可口可乐,______________。

5 要是中国城的水果便宜,______________。

六 用下列词语造句

Make sentences with the words given:

1 替
2 可能
3 放心
4 好好儿

七 用下列所给动词造双宾语动词谓语句

Use each of the following verbs to make a sentence with predicate verb taking two objects:

1 告诉
2 叫
3 教
4 给

八 用下列动词造动词重叠的句子

Make sentences with the following verbs in their reduplicated form:

1 听
2 乐
3 休息
4 介绍
5 问

九 给下列汉字注音并组词(语)

Supply phonetic notation for the following characters and make words or phrases with them:

1 头____ ____ 5 考____ ____
2 买____ ____ 6 老____ ____
3 受____ ____ 7 休____ ____
4 爱____ ____ 8 体____ ____

十 根据提示组字并组成词语

Form a character with each of the following components given and make a word with it:

1 疒 疒____ 2 亥 亥____
疒____ 亥____

十一 根据课文回答问题

Answer questions on the text:

1 田中平怎么不舒服?
2 田中平要他的同屋做什么?为什么?

十二 会话练习

Oral practice:

你上午没来上课。(用"怎么了?")
你要去中国旅行,朋友请你替他买中国布鞋。(用"替、放心吧")

十三 说说哪些老师教你们什么课并写成短文

Talk about your teachers and the courses they offer you, and write a short composition about it.

十四 学写汉字
Learn to write the characters:

1 头 tóu 丶 丷 ⺀ 头 头(頭)

2 发 fà 𠂉 ⺧ 发 发 发(發)

3 屋 wū ㇇ ㇇ 尸 尸 层 层 屋 屋 屋 尸 至 [1|2]

4 床 chuáng 丶 亠 广 广 庄 床 床 广 木 [1|2]

5 肚 dù 丿 月 月 月 月一 肚 肚 月 土 [1|2]

6 冒 mào 丨 冂 冃 冃 冃 冒 冒 冒 冒 冃 目 [1/2]

7 药 yào 一 十 艹 艹 艺 药 药 药 药(藥) 艹 纟 勺 [1/2|3]

8 替 tì

9 放 fàng

附 Supplement:

冃 日字头 rìzìtóu

第二十七课 Lesson 27

一　读下列词语(注意词重音和小停顿)

Read out the following words or phrases (pay attention to word stresses and short pauses):

1　宠物　└ ˋ △
2　淘气　ˊ ˋ △
3　洗澡　ˊ ˇ △
4　准备　└ ˋ △
5　观赏　ˉ ˇ △
6　例如　ˋ ˊ △
7　热带鱼　ˋ ˋ ˊ △
8　真可爱　ˉ └ ˋ
9　全家人　ˊ ˉ ˊ
10　西方人　ˉ ˉ ˊ
11　吃的东西　ˉ · ˉ ·
12　爱吃鱼　ˋ ˉ ˊ
13　好玩儿极了　└ ˊ ˊ ·
14　喜欢养猫养狗　└ · └ ˉ ˊ ˇ

二　扩展练习

Extension exercises:

1　小狗　ˊ ˇ
　　听话的小狗　ˉ ˋ · ˊ ˇ
　　一条听话的小狗　ˋ ˊ ˉ ˋ · ˊ ˇ
2　握握手　ˋ · ˇ
　　跟客人握握手　ˉ ˋ · ˋ · ˇ
3　是这样　ˋ ˋ ˋ
　　都是这样　ˉ ˋ ˋ ˋ

不都是这样 ＿＿ ＿＿
也不都是这样 ＿＿ ＿＿ ＿＿

三 填写名词

Fill in the following blanks with proper nouns:

例 E.g. 养的狗

1 养的＿＿＿＿ 7 休息的＿＿＿＿
2 养的＿＿＿＿ 8 教我的＿＿＿＿
3 养的＿＿＿＿ 9 母亲打的＿＿＿＿
4 开的＿＿＿＿ 10 朋友写的＿＿＿＿
5 吃的＿＿＿＿ 11 妹妹养的＿＿＿＿
6 买的＿＿＿＿ 12 父亲工作的＿＿＿＿

四 用下列词语造带"又…又…"的句子

Make sentences with the construction "又…又…", using the following words:

例 E.g. 淘气 可爱 小咪咪又淘气又可爱。

1 漂亮 好玩儿
2 便宜 好吃
3 疼 难受
4 忙 累

五 用下列形容词造"形 + 极了"的句子

Make sentences with the construction "adjective + 极了", using the following words:

例 E.g. 便宜 中国城的水果便宜极了。

1 多
2 好看
3 好听
4 可爱
5 大
6 好玩儿

六 用下列词语造“不是…而是…”的句子

Make sentences with the construction “不是…而是…”, using the following words:

例 E.g. 吃的鱼 观赏的鱼
他们不是养吃的鱼而是养观赏的鱼。

1 去学校 去邮局
2 去教学楼 去图书馆
3 找你 找丁小姐
4 去听音乐会 去看电影

七 完成下列句子

Complete the following sentences:

1 教我们汉语的老师________________。
2 ____________________教我们汉语的老师。
3 弟弟养的小狗________________。
4 ____________________我买的邮票。
5 丁小姐穿的布鞋________________。
6 我喜欢的运动____________________。

八 判断正误并改正错句

Decide if the following sentences are right and correct the wrong ones:

1 明天我们见面一个中国朋友。
2 我洗澡弟弟。
3 卡里跟客人握手。
4 我每天给小咪咪洗澡。
5 我握手马教授。
6 晚上我要跟一个朋友见面。

九 选择正确的汉字

Choose the right character for each of the following phonetic notations:

1 guān *A* 欢 *B* 观
2 māo *A* 猫 *B* 描
3 quán A 金 *B* 会 *C* 全
4 jīn *A* 全 *B* 金
5 xī *A* 四 *B* 西

十 根据提示组字并组词

Form a character with each of the following components given and make a word or a phrase with it:

1 喿 喿____ 2 夂 夂____
喿 夂

十一 根据课文回答问题

Answer questions on the text:

1 简单介绍一下儿林达养的小狗
2 简单介绍一下儿丁文月养的小猫
3 中国人和西方人养的宠物一样吗?

十二 询问朋友养的小宠物

Ask a friend of yours questions about his/her pet.

十三 谈谈自己养的小宠物

Talk about your own pet.

十四 介绍你家的小宠物并写成短文

Say something about your pet and write a short passage about it.

十五 学写汉字

Learn to write the characters:

1 手 shǒu

2 养 yǎng

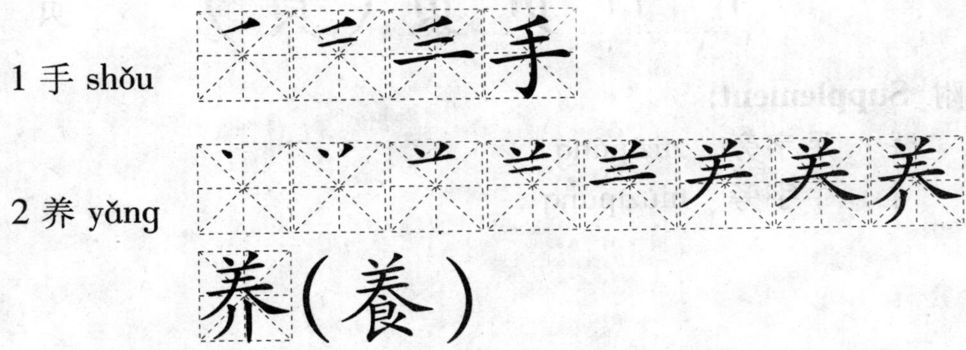

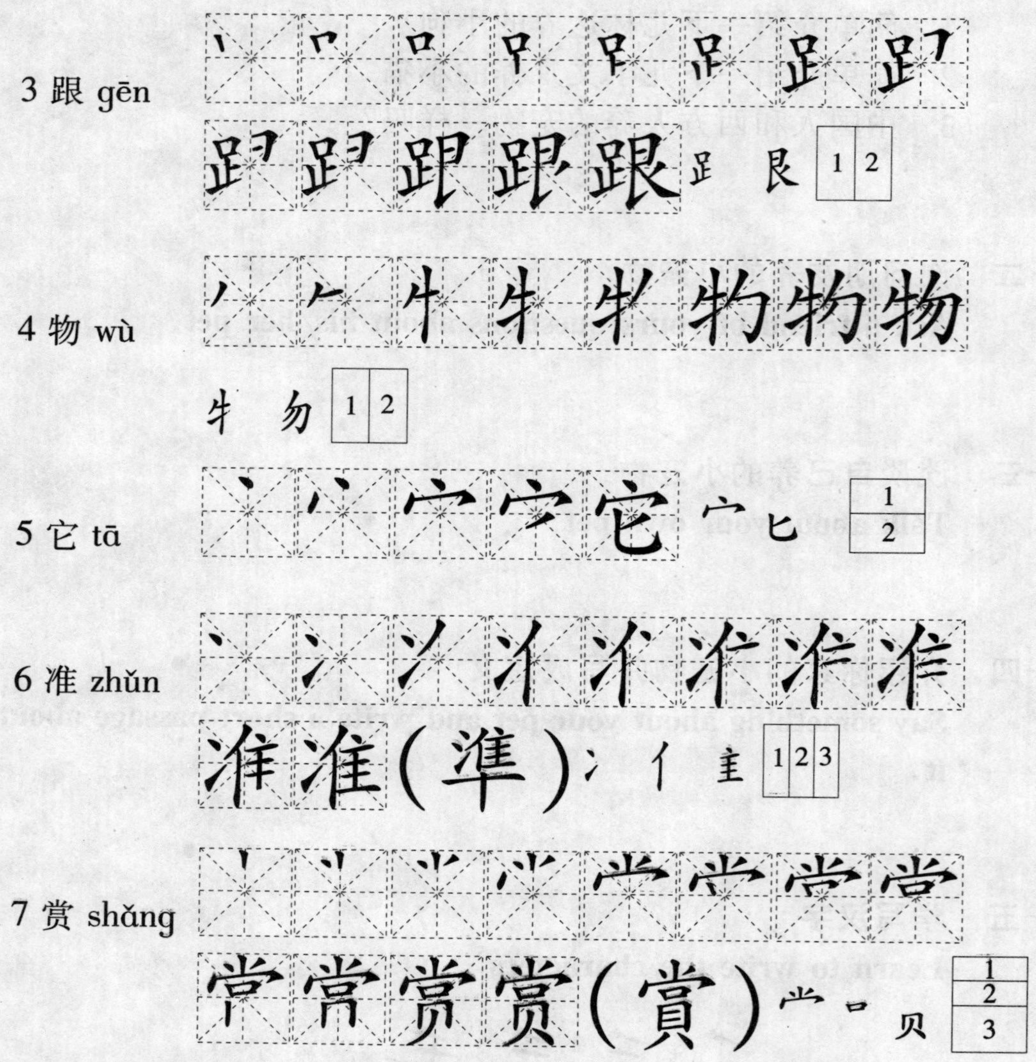

附 **Supplement:**

⻊ 足字旁 zúzìpáng

牜 牛字旁 niúzìpáng

第二十八课 Lesson 28

一 读下列词语（注意词重音和小停顿）

Read out the following words (pay attention to word stresses and short pauses):

1 书包 ˉ ˉ △
2 报纸 ˋ ˇ △
3 另外 ˋ ˋ △
4 复印 ˋ ˋ △
5 文章 ˊ ˉ △
6 需要 ˉ ˋ △
7 借书证 ˋ ˉ ˋ △
8 阅览室 ˋ ˇ ˋ △
9 下课了 ˋ ˋ ˙
10 借几本书 ˋ ˊ ˇ ˉ
11 英文杂志 ˉ ˊ ˊ ˋ
12 书架上 ˉ ˋ ˙
13 可以预约 ˊ ˇ ˋ ˉ
14 上图书馆看报纸 ˋ ˊ ˉ ˇ ˋ ˋ ˇ

二 扩展练习

Extension exercises:

1 红的 ˊ ˙
是红的 ˙ ˊ ˙
他的是红的 ˉ ˙ ˙ ˊ ˙

2 李天明的 ˇ ˉ ˊ ˙
是李天明的 ˙ ˇ ˉ ˊ ˙

可能是李天明的 ˇ ˊ · ˇ - ˊ ·
这可能是李天明的 ˋ ˇ ˊ · ˇ - ˊ ·

3 查书号 ˊ - ˋ
查几个书号 ˊ ˇ ˋ - ˋ
去查几个书号 ˋ ˊ ˇ ˋ - ˋ
得去查几个书号 ˇ ˋ ˊ ˇ ˋ - ˋ
我得去查几个书号 ˇ ˇ ˋ ˊ ˇ ˋ - ˋ
下午我得去查几个书号 ˋ ˇ ˇ ˇ ˋ ˊ ˇ ˋ - ˋ

三 填量词并写出“____”的读音

Put appropriate measure words in the following blanks and write out the pronunciation of the word “____”

1 一____沙拉　　6 一____书
2 一____可乐　　7 一____文章
3 一____孩子　　8 一____书号
4 一____小狗　　9 一____炸土豆条
5 一____猫　　10 一____汉堡包

四 根据课文填动词

Fill in the blanks with proper verbs according to the text:

1 ____书　　4 ____借书证
2 ____杂志　　5 ____文章
3 ____书号

五 画出下列一段话中的“的”字词组

Underline the “的” phrases in the passage below:

上个星期丁文月和田中平去中国城买东西了。丁文月买的布鞋是红的，田中平买的是黑的，他们还买了几张地图，有中国的，也有别的国家的，另外，丁文月还给她家里人买了一些东西。给她爸爸买的是书，给她妈妈买的也是书，不过，是英文的。给她弟弟买了一个大书包，可是弟弟告诉她，他已经有一个新的了。

六 用下列词语与动词“给”造句

Make sentences with the verb “给” and the following words:

例 E.g. 书包 我姐姐给我一个书包。

1 书
2 笔
3 电影票
4 中国布鞋

七 用下列词语与介词“给”造句

Make sentences with the preposition “给” and the following words:

例 E.g. 打电话 我一会儿得给马教授打电话。

1 写信
2 洗澡
3 买快餐
4 还书

八 完成句子

Complete the following sentences:

例 E.g. 如果你需要的话，可以续借。

1 如果你饿了的话,__________。
2 如果你喜欢这本书的话,__________。
3 如果你不舒服的话,__________。
4 如果朋友来找我的话,__________。

九 将下列句子改写成带"的"字词组的句子

Turn the following into sentences with the "的" phrases:

例 E.g. 这是林达的书包 这个书包是林达的。
1 这是丁小姐的笔。
2 这是马教授的词典。
3 这是新教学楼。
4 这不是我家的小狗。
5 这不是我买的书。

十 将下列句子改写成否定句

Turn the following into negative sentences:

例 E.g. 下午我得去图书馆。 下午我不用去图书馆。

1 明天我得去上课。
2 今天我得给咪咪准备吃的东西。
3 王先生得休息两个星期。
4 我得买个大书包。
5 我得去给办公室打电话。
6 我得去买电影票。

十一 填反义词

Give antonyms to the following words:

1 来____	4 大____
2 借____	5 关____
3 上____	6 多____

十二 给下列词语注音

Write out the phonetic notations of the following words:

1 男同学	5 白色
2 另外	6 自己
3 报纸	7 还书
4 多极了	8 还有

十三 填空并注音

Complete the following partially-written characters with a proper radical so as to form a word with the character given and then spell out their phonetics:

例 E.g. 女 姓 姓名 xìngmíng

1 纟	纟____	预____	2 昔	昔____	昔 不____
	纟____	____借		____昔	____书
	纟____	报____			
	纟____	____的			

十四 复述课文并写成短文

Retell the text and write a short passage about it.

十五 用"另外"进行会话练习

Make dialogues on the following topics, using "另外":

1 马教授要去中国旅行和看几个中国朋友
2 介绍中国人家里喜欢养什么
3 说说你喜欢的音乐
4 介绍你的校园

十六 你在商店里遇见朋友正在买苹果,怎么打招呼?

How would you greet your friend if you see him buying apples in a grocer?

十七 你在快餐店遇见朋友正在吃午饭,怎么打招呼?

How would you greet your friend if you see him in a snack bar taking lunch?

十八 在路上遇见朋友去上课,怎么打招呼?

How would you greet your friend if you see him going to class?

十九 用"可能"回答下列问题

Answer the following questions, using "可能":

1 现在几点了?
2 他上哪儿了?
3 你朋友什么时候去美国?

二十 学写汉字

Learn to write the characters:

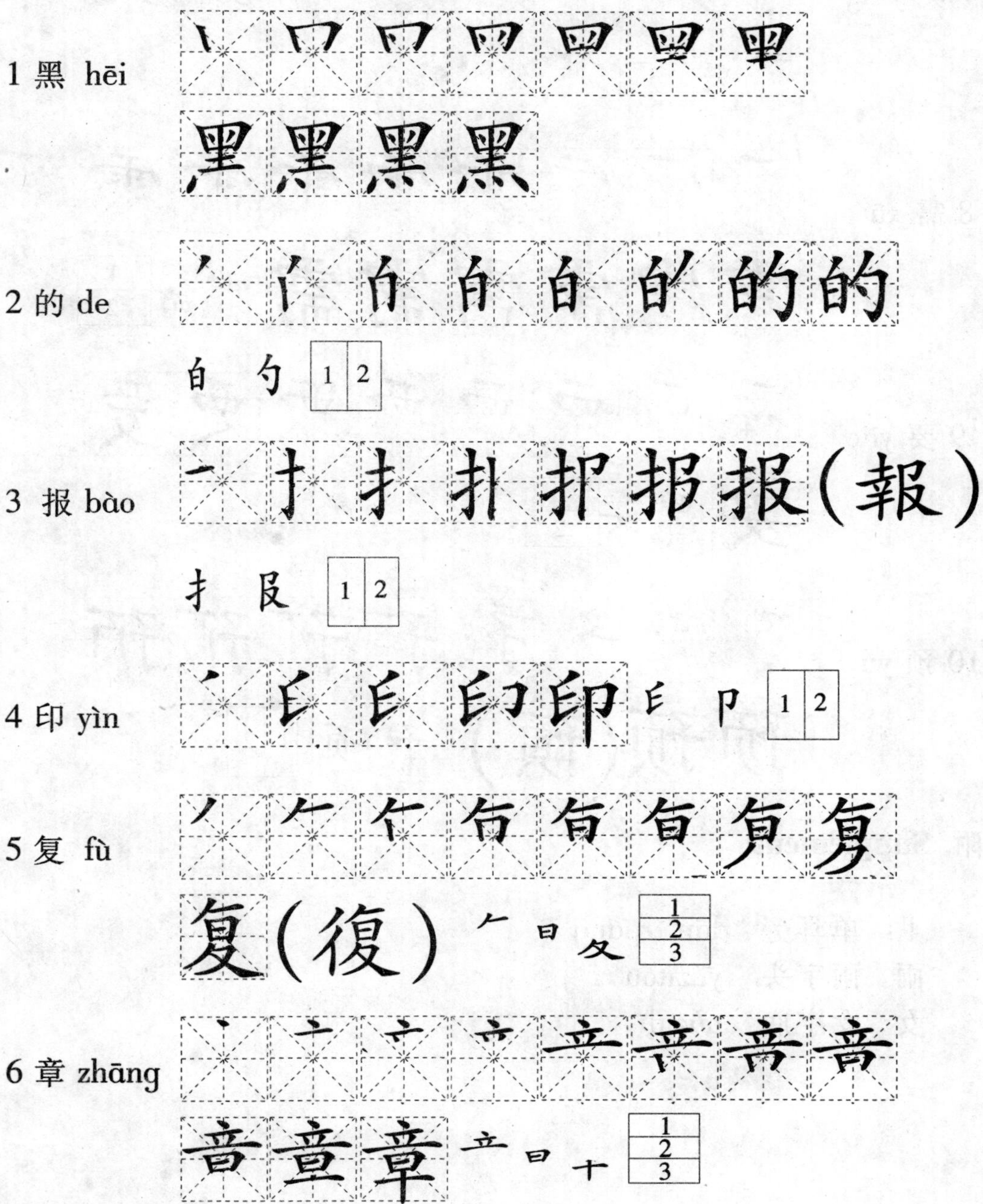

7 英 yīng

8 需 xū

9 要 yào

10 预 yù

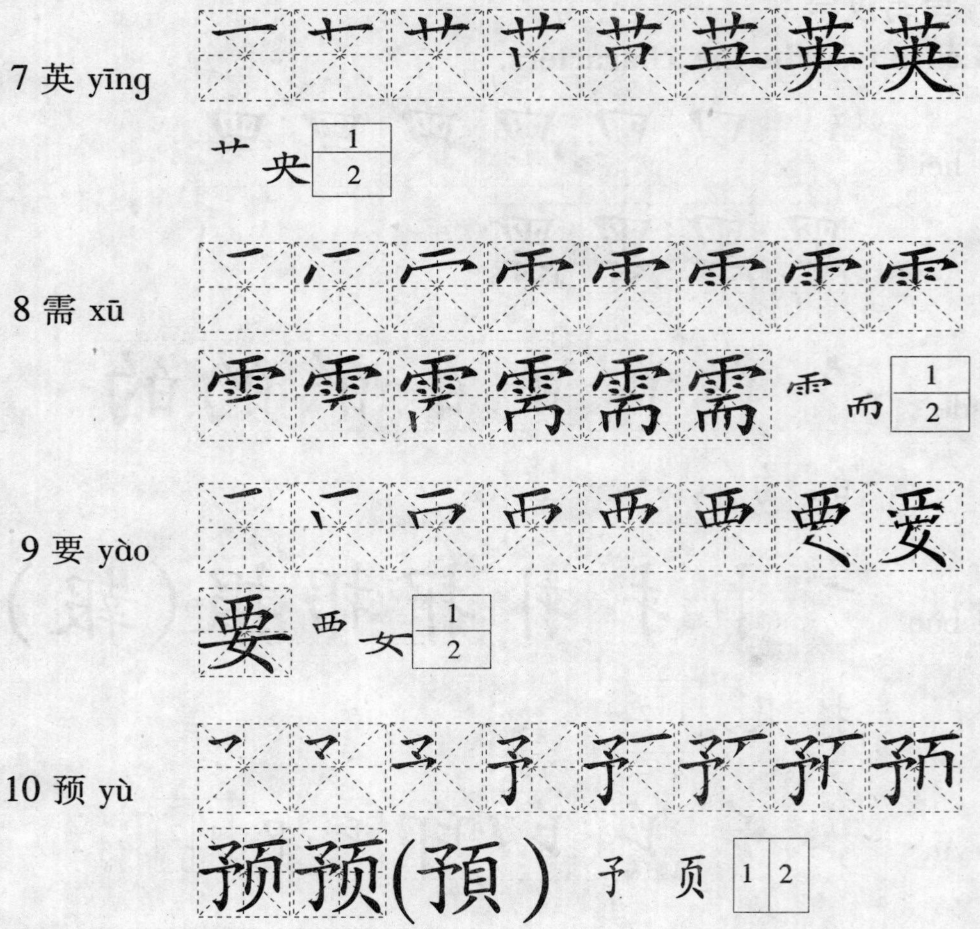

附 **Supplement:**

阝 单耳旁 dān'ěrpáng
雨 雨字头 yǔzìtóu
女 女字底 nǚzìdǐ

第 29 课 Lesson 29

一　**读下列词语(注意词语重音和小停顿)**
Read out the following words(pay attention to word stresses and short pauses):

1　通知 ˉ ˉ

2　情况 ˊ ˋ

3　眼睛 └ ·

4　左右 └ ˋ

5　外科 ˋ ˉ

6　也许 ˊ ˇ

7　马路 └ ˋ

8　自行车 ˋ ˊ ˉ

9　给你打电话 ˊ ˇ └ ˋ ˋ

10　参加一个会 ˉ · ˋ

11　差不多好了 ˋ · ˉ └ ·

12　没问题 ˊ ˋ ˊ

13　新修的马路 ˉ ˉ · └

14　比较近 └ ˋ ˋ

15　两个星期左右 └ ˋ ˉ ˉ └ ˋ

二　**扩展练习**
Extension exercises:

1　三四十分钟 ˉ ˋ ˊ ˉ ˉ
　　得三四十分钟 └ ˉ ˋ ˊ ˉ ˉ
　　骑自行车得三四十分钟 ˊ ˋ ˊ ˉ └ ˉ ˋ ˊ ˉ ˉ

2 到了 ˋ ˙

就到了 ˋ ˋ ˙

十几分钟就到了 ˊ ˇ ˉ ˉ ˋ ˋ ˙

大概十几分钟就到了 ˋ ˋ ˊ ˇ ˉ ˉ ˋ ˋ ˙

开车大概十几分钟就到了 ˉ ˉ ˋ ˋ ˊ ˇ ˉ ˉ ˋ ˋ ˙

三 根据课文填动词

Fill in the blanks with proper verbs according to the text:

1 ____电话　　4 ____车

2 ____医院　　5 ____会

3 ____空儿　　6 ____自行车

四 用下列名词与介词"离"造句

Make sentences with the preposition "离" and the following words:

例 E.g.　医院　　学校离医院不太远。

1 图书馆

2 邮局

3 快餐店

4 银行

五 用下列词语造句

Make sentences with the following words:

例 E.g. 比较近　这条路比较近。

1 比较好

2 比较忙
3 比较漂亮
4 比较便宜
5 比较麻烦

六 完成句子

Complete the following sentences:

1 用"不能"完成句子
Using "不能":

例 E.g. 李天明受伤了,不能走路。

(1)我的同屋病了,＿＿＿＿＿＿＿＿＿。
(2)晚上王小姐有事,＿＿＿＿＿＿＿＿＿。
(3)罗杰没有钱了,＿＿＿＿＿＿＿＿＿。

2 用"就是"完成句子
Using "就是":

例 E.g. 李天明的伤差不多都好了,就是脚和腿还不行。

(1) 三明治、沙拉我都爱吃,＿＿＿＿＿＿＿＿＿＿＿＿＿＿＿。
(2) 古典音乐、爵士音乐我都喜欢听,＿＿＿＿＿＿＿＿＿＿。
(3) 父亲从星期一到星期五都很忙,＿＿＿＿＿＿＿＿＿。

七 用概数改写句子

Rewrite the following sentences using indicators of approximate numbers:

例:爷爷七十六岁了。 爷爷七八十岁了。

1 这个孩子三岁半。
2 她姐姐二十八岁。
3 这份快餐 6.80 元。
4 这本词典四十九块钱。

5 从这儿到银行开车得一个半小时。
6 前天、昨天、今天我有点儿不舒服。

八 根据画线部分提问

Ask questions about the underlined parts:

例 E.g. 他姓丁。 他姓什么?

1 田中平去买笔。
2 我学习汉语。
3 我看报纸。
4 田中平去商店买笔了。
5 他去图书馆借书了。
6 他们去医院看李天明了。
7 马教授每天夜里十二点睡觉。
8 我大哥下星期一去中国。
9 田中平昨天下午四点去商店买笔了。
10 那个快餐店的炸土豆条不错。
11 他们的校园又干净又漂亮。
12 田中平买的笔很好。

九 替换下面一段话中画线部分的词语

Replace the underlined words in the passage below with their equivalents:

明天下午我得去看李天明。我也许骑自行车去,因为骑车可以走小路,比较近,大概十分钟就能到医院了。

十 根据提示组字组词并注音

Complete the following partially written characters with a proper radical, so as to form a word with the other character given, and then spell out their phonetics:

1 青 __青 __况 2 亻 亻__ 时__
__青 眼__ 亻__ __马路
__青 __问

十一 选择正确的汉字

Choose the right character for each of the following phonetic notations:

1 jiào *A* 校 *B* 较
2 zá *A* 朵 *B* 杂
3 jīng *A* 晴 *B* 睛 *C* 请
4 tóu *A* 买 *B* 头
5 xǔ *A* 件 *B* 许
6 zuǒ *A* 右 *B* 在 *C* 左

十二 根据课文回答问题

Answer questions on the text:

1 李天明的病怎么样了?
2 他什么时候能出院?
3 谁准备去看他?什么时候去?怎么去?

十三 询问田中平的感冒情况(用"好、怎么样、差不多、就是、大夫、得、休息、不能)

Ask Tianzhong Ping about his cold, using the words given(好,怎么样,差不多,就是,大夫,得,休息,不能).

十四 商量怎么去中国城(用"不远、开车、骑自行车、大概、二十分钟左右)

Discuss with your friend how to go to China Town, using the words given(不远,开车,骑自行车,大概,二十分钟左右).

十三 学写汉字

Learn to write the characters:

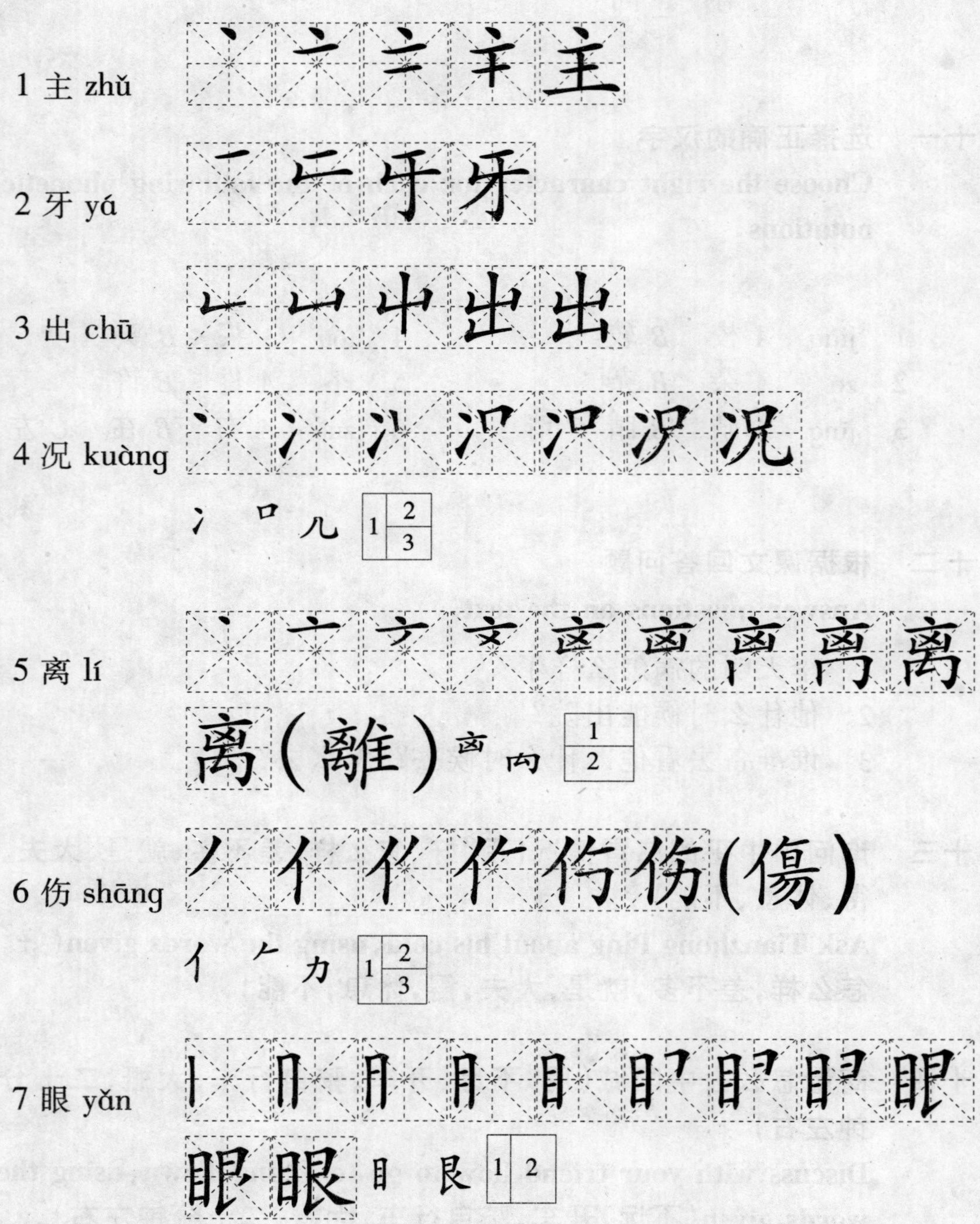

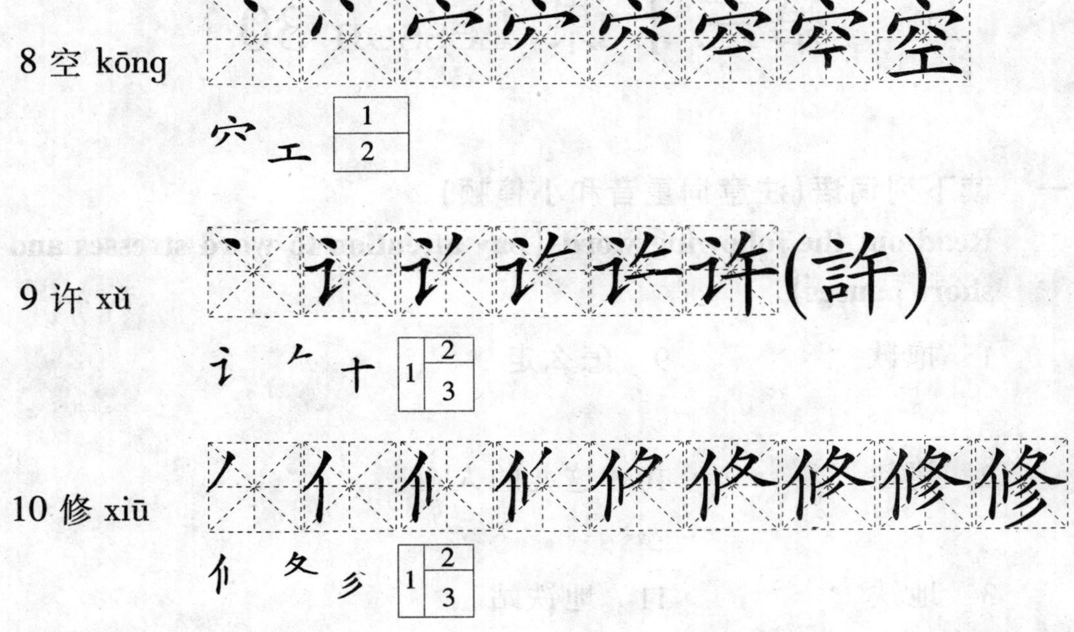

附 Supplement:

目　目字旁　mùzìpáng

第三十课 Lesson 30

一　读下列词语(注意词重音和小停顿)

Read out the following words(pay attention to word stresses and short pauses):

1	抱歉 ˋ ˋ	9	怎么走 ˇ · ˇ
2	清楚 ˉ .	10	这儿的人 ˋ . ˊ
3	地铁 ˋ ˇ	11	地铁站 ˋ ˇ ˋ
4	路口 ˋ ˇ	12	往右拐 ˋ ˋ ˇ
5	对面 ˋ ˋ	13	不用了 ˊ ˋ .
6	附近 ˋ ˋ	14	那儿就是 ˋ ˋ ˋ
7	厕所 ˋ ˇ	15	一直往前走 ˋ ˊ ˋ ˊ ˇ
8	红绿灯 ˊ ˋ ˉ	16	请再说一遍 ˇ ˋ ˉ ˊ ˋ

二　扩展练习

Extension exercise:

怎么走 ˇ · ˇ

去中国城怎么走 ______ ______

三 将动词"过、乘、问、坐、骑"填入合适的空儿

Fill in each of the following blanks with an appropriate verb from the list given"过、乘、问、坐、骑":

1 ____地铁
2 ____马路
3 ____自行车
4 ____公共汽车
5 ____路

四 用意思相近的词语代替下列句中画线的词

Replace the underlined words in the following sentences with words of similar meaning:

例 E.g. 下午我去学校。→下午我上学校。

1 对不起,我不认识王先生。
2 我明天应该去图书馆还书。
3 你可以乘公共汽车去。
4 你不拐弯往前走。
5 乘公共汽车可能要十五分钟。

五 选择填空

Choose the right word for each of the blanks:

1 小姐,____来杯咖啡。(再 又)
2 中国城的布鞋真好看,丁文月____买了一双黑的。(再 又)

六 用下列词语造句

Make sentences with the following words:

1 对面
2 第一次
3 遍
4 附近
5 不用
6 往
7 又
8 再
9 清楚
10 一直

七 完成句子

Complete the following sentences:

1 用"再"

Using "再":

例 E.g. 这种沙拉很好吃,我要再买一份。

(1)这个电影不错,我要__________。
(2)中国城的东西又好又便宜,下周末我打算__________。
(3) 这几本书我想__________。

2 用"又"

Using"又":

例 E.g. 这种沙拉很好吃,我又买了一份。

(1) 这场音乐会很好听,昨天我__________。
(2) 昨天我们没有课,今天__________。

八 用"就是"完成下列对话

Complete the following dialogues using"就是":

例 E.g.　A:中华商场在哪儿?
　　　　B:那就是。

1　A: 谁是马教授?
　 B: ＿＿＿＿＿。

2　A: 停车场在哪儿?
　 B: ＿＿＿＿＿。

3　A: 哪本书是田中平的?
　 B: ＿＿＿＿＿＿。

九 选择正确的汉字

Choose the right character for each of the following phonetic notations:

1　wǎng　*A* 住　*B* 往
2　zhí　*A* 直　*B* 真
3　suǒ　*A* 听　*B* 所
4　yòng　*A* 用　*B* 月
5　píng　*A* 半　*B* 平

十 根据提示组字组词(语)并注音

Fill in each of the blanks with a character so as to form a word or a phrase with the other character given, and then spell out their phonetics:

1　匚　匚　西＿＿
　　　匚　＿＿生

2　立　立　地铁＿＿
　　　产　文＿＿

十一 根据课文回答问题:

Answer questions on the text:

1 李天明和林达要去哪儿?
2 复述他们的问路过程。
3 地铁站在哪儿?
4 根据课文画一张去中华商场的示意图。

十二 看图会话

Make a dialogue after the picture:

A:请问,去邮局怎么走? B:
A:谢谢 B:

十三 **A 询问快餐店,B 不知道。怎么会话?**

Make a dialogue according to the hints given (Student A asks where a snack bar is, Student B replies he does not know).

十四 问地铁站(用:请问,过马路,拐,就是)

Ask where the subway is, using 请问,过马路,拐,就是.

十五 问大商场(用:一直,往左拐,再走,到了)

Ask where a big department store is with 一直,往左拐,再走,到了.

十六 说说从你家到学校怎么走并写成短文

Describe how you get to the institute from your home and write a short essay about it.

十七 学写汉字

Learn to write the characters:

附 Supplement:

土 提土旁 títǔpáng

第三十一课 Lesson 31

一 读下列词组

Read out the following word groups:

1 讨论一下儿 ˇ ˋ ˋ ˊ
很有意思 ˊ ˇ ˋ ·
还可以 ˊ ˊ ˇ
不怎么样 ˋ ˇ · ˋ
总的来说 ˇ · ˊ ˉ
确实不错 ˋ ˊ ˊ ˋ
比较一般 ˇ ˋ ˋ ˉ
应该说 ˉ ˉ ˉ

2 中国地图
红毛衣
休息一下儿
刮风了
一份报纸
什么名字
几口人
多少人

二 读下列句子,注意句调和节拍群的停顿(句调的调型用箭头表示,节拍群的停顿用 ’ 表示)

Read out the following sentences, paying attention to the sentence tunes and pauses for the rhythm groups (The pitches of the sentence tunes are marked with arrows while the pauses with "’"):

1 林达,你的意思呢↗?
2 我觉得’这个电影’不错↘。
3 女主人公’唱歌唱得’也很不错↘。
4 我一边看→,一边想睡觉↘。
5 故事很生动→,很有意思↘。
6 我看→,总的来说→,这个电影’还可以↘。

三 扩展练习

Extension exercises:

1 生动

很：很生动

不：不很生动

也：也不很生动

故事：故事也不很生动

2 演员

主要：主要演员

几个：几个主要演员

四 根据课文填空

Put in appropriate words according to the text:

1 填动词 Put a verb in each of the blanks:

(1) ____新课 (2) ____意思 (3) ____电影

2 填反义词 Put an antonym for each of the following words:

(1) 同意______ (2) 难看______ (3) 好______

3 填形容词 Put an adjective in each of the blanks:

(1) 故事____ (2) 内容____ (3) 对话____

五 用动词"觉得"与下列词语造句

Make sentences with the following words and the verb "觉得":

例 E.g. 不错 我觉得那个电影不错。

1 好

2 便宜

3 还可以

4 不怎么样

六 用下列词语造带程度补语的句子

Make sentences with complements of degree, using the following words:

例 E.g. 唱歌 他唱歌唱得很好。

1 游泳
2 跳舞
3 打篮球
4 考试
5 骑车
6 开车

七 用下列词语造带"不是…就是…"的句子

Make sentences with the construction "不是…就是…", using the following words:

例 E.g. 头疼 肚子难受 这几天李天明不是头疼就是肚子难受。

1 红的 黑的
2 太大 太小
3 听音乐会 跳舞
4 在图书馆 在教室
5 开车 骑自行车

八 用下列词语造句

Make sentences with the following words:

1 有意思
2 一般
3 认为
4 特别
5 确实
6 用…来…

九 给下列带点的汉字注音

Write out the phonetic notations for the dotted characters below:

1 觉得 2 演得不错 3 得去还书

十 根据提示看图完成对话

Complete the dialogues after the pictures, using the clues given:

1

A：他汉字写得怎么样?

B：

2

A：她汉语说得怎么样?

B：

3 提示：A、B 在谈对中文系的看法。

请用下列词语：

觉得 认为 特别 有…关系 多不多 用…来评价 学生 好和坏 教授 我看 总的来说

十一 根据课文回答问题

Answer questions on the text:

1 苏姗觉得这个电影怎么样?
2 李天明不同意谁的看法? 为什么?
3 田中平同意谁的看法?
4 丁文月觉得这个电影怎么样? 为什么?
5 林达的看法是什么?

十二 会话提示

Clues for more dialogues:

1 谈对中国城水果的看法
2 谈对马教授汉语课的看法
3 谈对你们校园的看法

十三 学写汉字

Learn to write the characters:

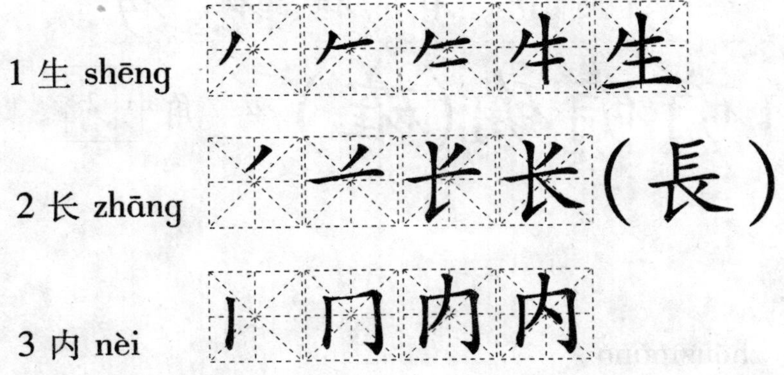

4 事 shì

5 用 yòng

6 般 bān

7 睡 shuì

8 演 yǎn

9 确 què

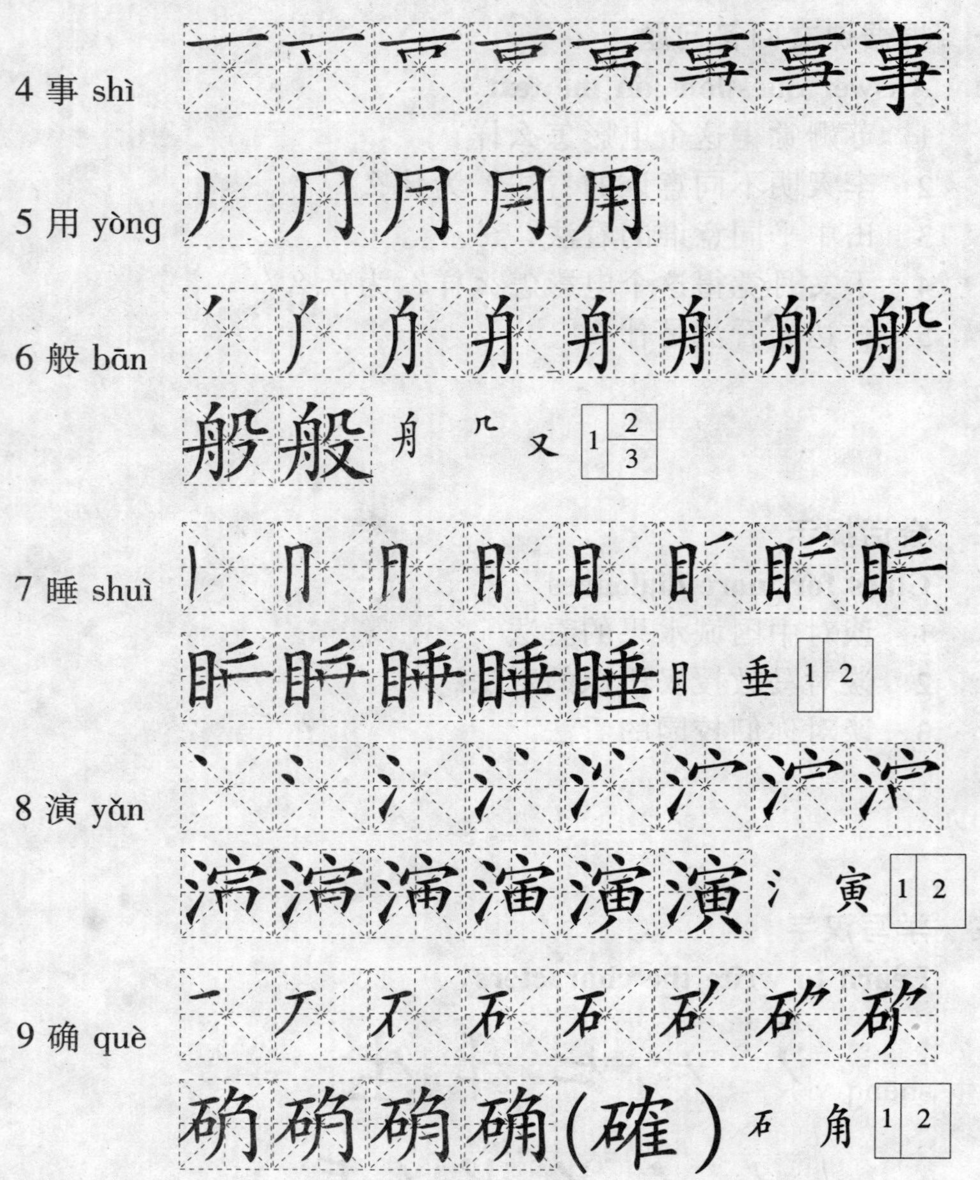

附 **Supplement:**

舟 舟字旁 zhōuzìpáng

石 石字旁 shízìpáng

第三十二课 Lesson 32

一 读下列词组

Read out the following word groups:

1	搬完家了 ˉ ˊ ˉ .	2	周围环境
	我们两个人 ㄴ. ㄴ ˋ ˊ		大办公室
	搬到一起 ˉ ˋ ˋ ˇ		在中文系学习
	还不错 ˊ ˊ ˋ		商店开门了
	超级市场 ˉ ˊ ˋ ˇ		填张表
	公共汽车 ˉ ˋ ˋ ˉ		签个字
	比较便宜 ㄴ ˋ ˊ ·		外科医生

二 读下列句子(注意句调和节拍群的停顿)

Read out the following sentences (pay attention to the sentence tunes and pauses for the rhythm groups):

1 你'搬完'家了吗↗?

2 你租的'是平房'还是楼房↘?

3 周围环境'怎么样↘?

4 我住'三层'302'房间↘。

5 房子后边'有一个'小花园↘?

6 房子'是旧的→,但还'不错↘。

三 扩展练习

Extension exercises:

1 找工作

　　到：找到工作

一个：找到一个工作
在城里：在城里找到一个工作
最近：最近在城里找到一个工作

2 有公共汽车
开往城里的：有开往城里的公共汽车
两路：有两路开往城里的公共汽车

四 用“完”做结果补语造肯定式和否定式句子

Make an affirmative and then a negative sentence with each of the following words, using “完” as a resultative complement:

例 E.g. 张力搬完家了。 张力没搬完家。

1 写完信

2 打完电话

3 看完电影

4 介绍完

五 用“在”做结果补语造肯定式和否定式句子

Make an affirmative and then a negative sentence with each of the following words, using “在” as a resultative complement:

例 E.g. 我现在住在学院路 248 号
我现在没住在学院路 248 号

1 住在中国

2 住在饭店

3 住在这儿

4 住在学生宿舍

六 用"到"做结果补语造肯定和否定式句子

Make an affirmative and then a negative sentence with the following words, using "到" as a resultative complement:

例 E.g. 他最近在城里找到一个工作。
他最近在城里没找到工作。

1 请到一位教授

2 看到一位中学同学

3 买到票

4 换到钱

5 学到第10课

七 选择填空

Choose the right word for each of the blanks:

1 这____书有五____。(本　套)
2 这____邮票有四____。(张　套)
3 张力租的那____房子有两____卧室。(个　套)
4 我____看见丁小姐。(不　没)
5 昨天他们____学完第10课。(不　没)
6 他____找到他朋友。(没　不)

八 写出反义词

Write out the antonyms for the following words:

1 新房子________ 3 便宜________

2 小花园________ 4 楼下________

九 给下列词语注音

Write out the phonetic notations for the words below:

1 住在这儿 4 房租

2 往东拐 5 方便

3 祖母 6 便宜

十 根据拼音写出汉字

Write out the characters according to the following phonetic notations:

1 xuéyuàn 3 wòshì bú dà

2 huāyuán 4 wǒ shì lǜshī

十一 指出下列每组字相同的部位

Point out the similar component in each of the following character groups:

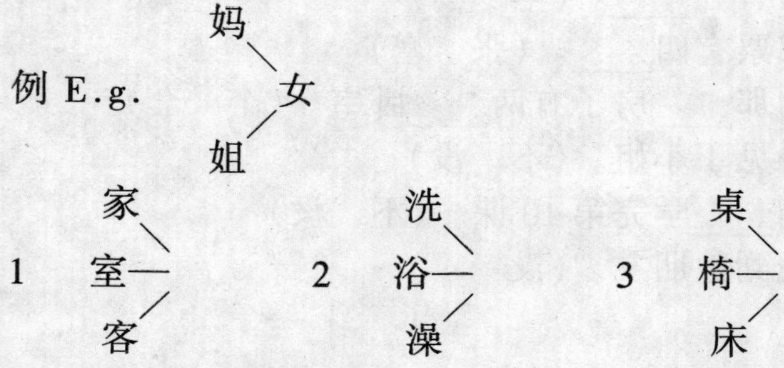

十二 根据课文回答问题

Answer questions on the text:

1 张力为什么要搬家?

2 张力租到了一套怎样的房子?

十三 描述你的房间并写成短文

Describe your room and write a short passage about it.

十四 介绍你家的住房情况和周围环境并写成短文

Say something about your house and its surroundings, and write a short passage about it.

十五 看图说话

Say as much as you can about the pictures, using the given words:

1 描述这间客厅

指定词语:都有,也有,还有

2 描述这套住房和住房的周围环境

指定词语:楼上,楼下,前面,后面,对面,旁边

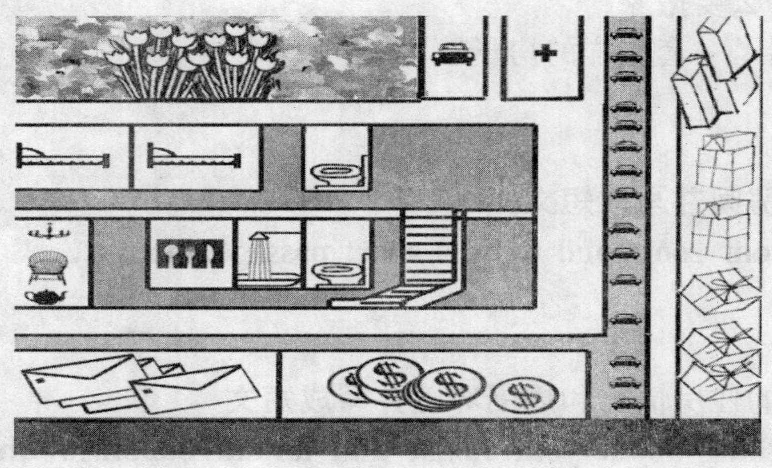

十六 学写汉字

Learn to write the characters:

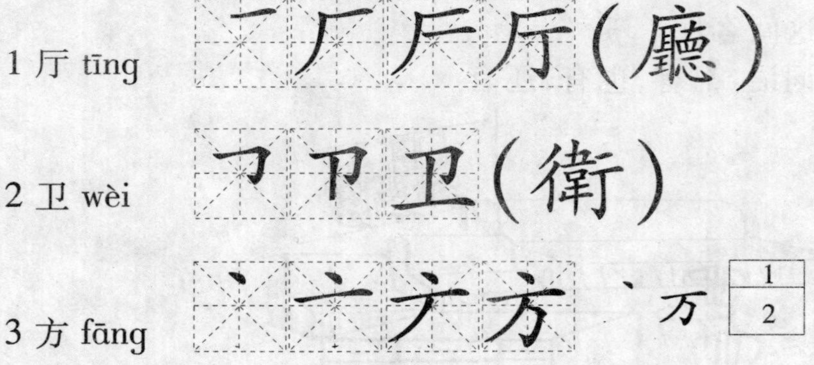

4 搬 bān

搬

扌 舟 几 又

5 具 jù

具

且 八

6 卧 wò

卧

臣 卜

7 围 wéi

围（圍）

囗 韦

8 交 jiāo

交

亠 父

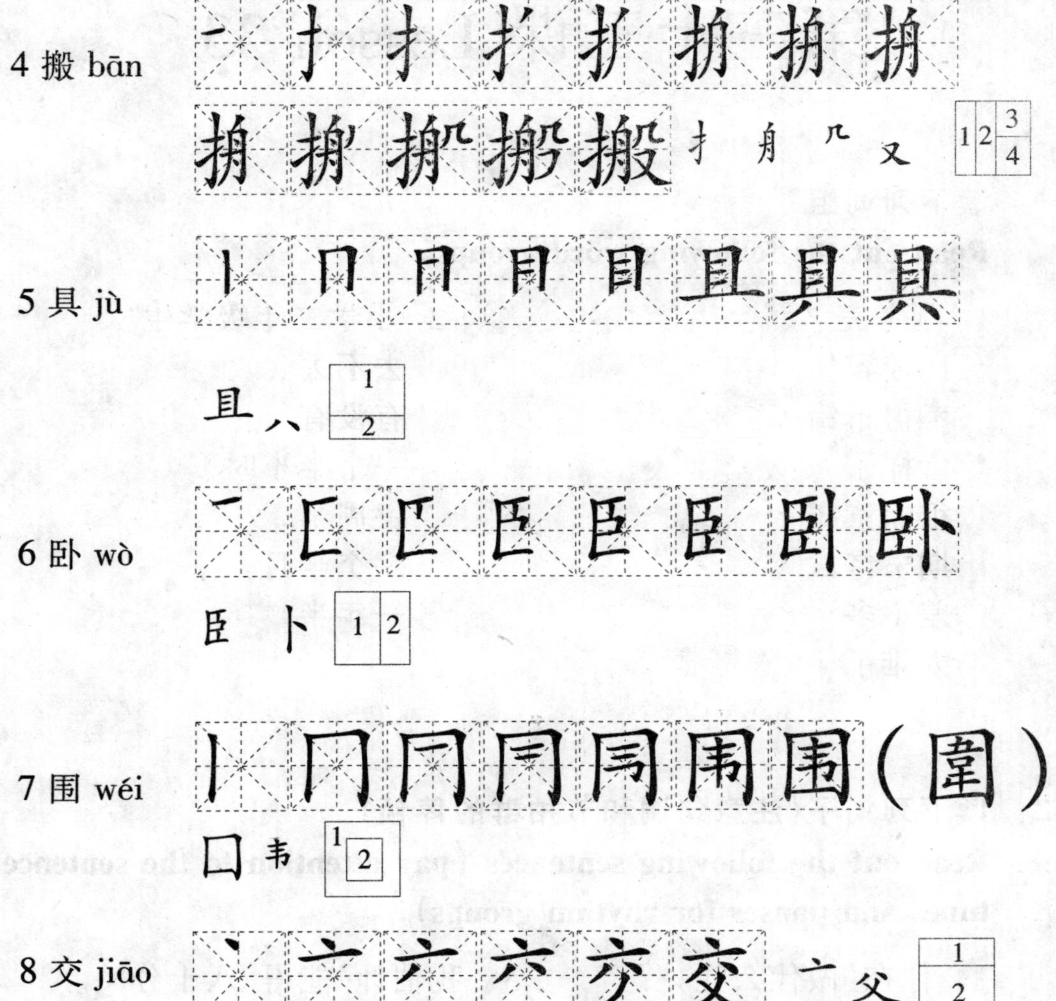

第三十三课 Lesson 33

一　读下列词组

Read out the following word groups:

1　刚考完 ˉ˪ˊ
比较容易 ˪ˋˋˋ
考得不错 ˪˙ˊˋ
看样子 ˋˋ.
很满意 ˊ˪ˋ
期末考试 ˉˋ ˪ˋ
差不多 ˋ . ˉ
太难了 ˋˊ˙

2　小学二年级学生
去不去
有没有
一个半小时
一周半
一个半月
一年半

二　读下列句子(注意句调和节拍群的停顿)

Read out the following sentences (pay attention to the sentence tunes and pauses for rhythm groups):

1　你在'做什么呢↗?
2　我在等'田中平呢↘?
3　你们'平时考试'多不多↘?
4　你们'什么时候'考笔试↘?
5　我估计'能得'八十分↘。
6　口试'主要是'回答问题→,读课文↘。
7　欸↗,你考完了吗↗?

三　扩展练习

Extension exercises:

1　准备

正…呢：正准备呢
现在：现在正准备呢

2 听

懂：听懂
意思：听懂意思
句子的：听懂句子的意思
每个：听懂每个句子的意思
要：要听懂每个句子的意思

四 用下列词语与“在…呢”造句：
Make sentences with “在…呢” and the following words：

例 E.g. 等田中平 我在等田中平呢。

1 听音乐
2 填表
3 练习发音
4 上口语课
5 搬东西

五 用下列词语与“看样子”造句
Make sentences with “看样子” and the following words：

例 E.g. 满意 看样子他很满意。

1 听懂
2 找到工作了
3 他的汉语
4 上完课了

六 用下列词语与“特别”造句

Make sentences with “特别” and the following words:

例 E.g. 怕笔试 听写

我有点儿怕笔试,特别是听写。

1 爱吃西式快餐 汉堡包

2 怕考试 口试

3 听音乐 爵士音乐

4 喜欢买邮票 外国邮票

七 用下列词语造带结果补语的肯定式和否定式句子

Make an affirmative and then a negative sentence with a resultative complement, using each of the following words:

例 E.g. 听懂

我听懂这个句子的意思了。

我没听懂这个句子的意思。

1 看懂

2 写对

3 听清楚

4 看清楚

5 回答对

八　判断正误并改正写错的句子

Decide if the following sentences are right and correct the wrong ones:

1　她不听懂了。
2　她不写对自己的名字。
3　他没写对自己的名字。
4　我弟弟不说清楚我家的地址。
5　我朋友没说对丁小姐的电话号码。
6　我的外国朋友不看懂这个中国电影。

九　组词成句

Rearrange the order of the words to form sensible sentences:

1　在　你姐姐　吗?

2　在　你姐姐　吗　家?

3　在　他母亲　工作　医院。

4　他父亲　在　这儿　不　住。

5　正在　妈妈　打电话　给爸爸　呢。

6　在　他　睡觉　没　看书　呢　正。

十　给下列词语注音

Write out the phonetic notations for the following words:

1　考试
2　老师
3　不难
4　谁的书
5　考得不错
6　得去上课

7 一百天
8 白天
9 包子
10 句子
11 邮政编码
12 再说一遍

十一 根据课文回答问题

Answer questions on the text:

1 丁文月考得怎么样?
2 复述丁文月他们系的考试情况。

十二 会话提示

Clues for conversations:

1 说说你最近一次考试的情况并写成短文。
2 介绍你们有几种考试? 你觉得怎么样?

十三 学写汉字

Learn to write the characters:

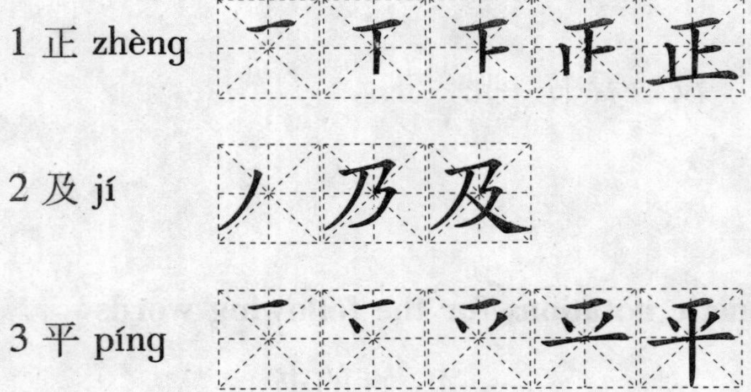
1 正 zhèng
2 及 jí
3 平 píng

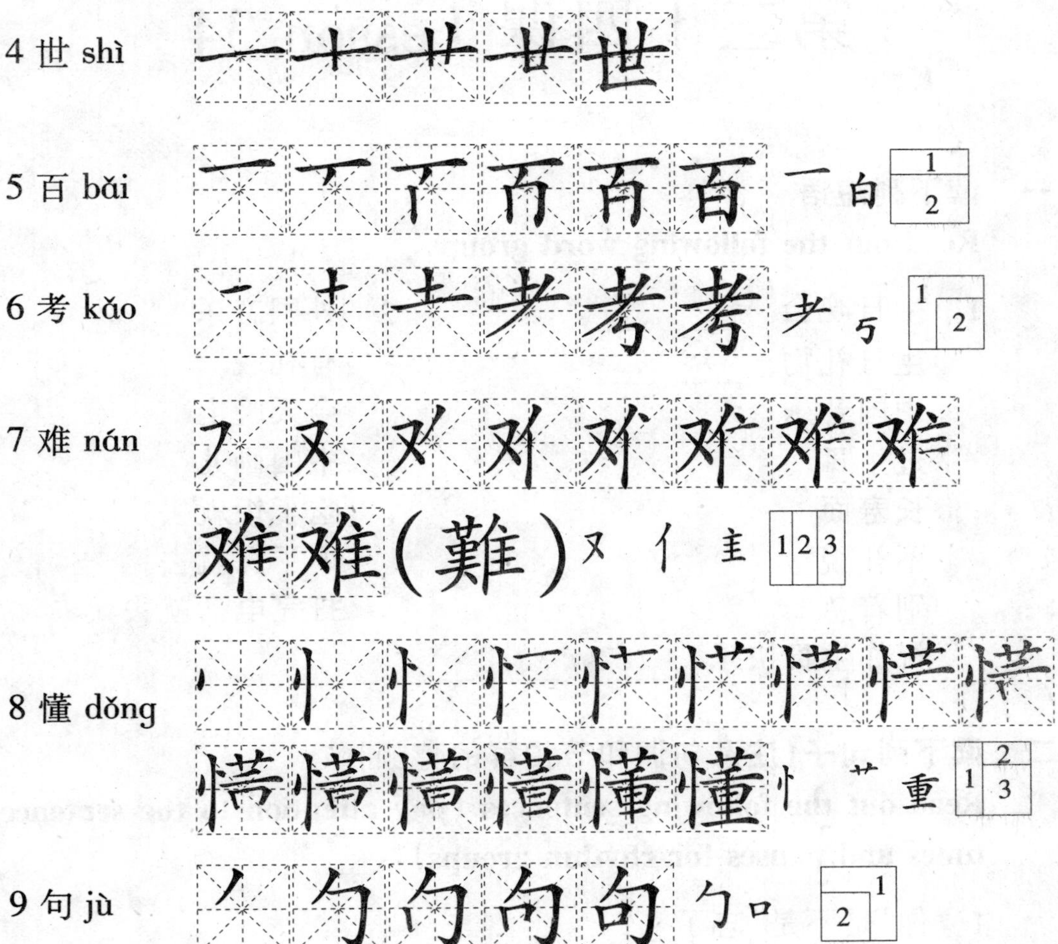
4 世 shì
5 百 bǎi
6 考 kǎo
7 难 nán
难(難)
8 懂 dǒng
9 句 jù

第三十四课 Lesson 34

一 读下列短语

Read out the following word groups:

1 生日晚会 ¯ ˋ ˇ ˋ
生日礼物 ¯ ˋ ˇ ˋ
中国音乐 ¯ ˊ ¯ ˋ
过生日 ˋ ¯ ˋ
长寿面 ˊ ˋ ˋ
不礼貌 ˋ ˇ ˋ
别着急 ˊ ¯ ˊ
祝你生日快乐 ˋ ˇ ¯ ˋ ˋ ˋ

2 外国音乐
有礼貌
今天晚上
中国画儿
吃了饭就去
下了课就去
打完电话就去

二 读下列句子(注意句调和节拍群的停顿)

Read out the following sentences (pay attention to the sentence tunes and pauses for rhythm groups):

1 你'是不是'忘了↘?
2 林达→,你的礼物'也买好了↗?
3 她不是'有吗↗?
4 走→,我们现在'一起去书店'看看→,好吗↗?
5 苏姗→,生日晚会'是今天晚上吧↘。
6 糟糕↘,我还没'准备好呢↘。

三 扩展练习

Extension exercises:

1 买磁带

了:买了磁带

中国音乐:买了中国音乐磁带

两盘：买了两盘中国音乐磁带
给她：给她买了两盘中国音乐磁带

2 准备
好：准备好
没：没准备好
还：还没准备好
呢：还没准备好呢

3 打开礼物
当客人的面：当客人的面打开礼物
不会：不会当客人的面打开礼物
一般：一般不会当客人的面打开礼物

四 根据课文填动词

Put proper verbs in the following blanks according to the text:

1 ______生日　　5 ______音乐
2 ______礼物　　6 ______午饭
3 ______建议　　7 ______礼貌
4 ______面条　　8 ______卡片

五 根据课文填量词

Put proper measure words in the following blanks according to the text:

1 两______磁带　　4 一______下午
2 一______画儿　　5 一______卡片
3 一______蛋糕

六 用下列词语与动态助词"了"造句

Make sentences with the aspect particle "了" using the following

words:

例 E.g. 寄 信 上午我寄了两封信。

1 来 朋友
2 送 礼物
3 吃 快餐
4 上 课
5 参观 他们校园
6 买 三双布鞋

七 用下列词语与"…了…再…"造句

Make sentences with "…了…再…" using the following words:

例 E.g. 明天 吃午饭 明天我们吃了午饭再去吧。

1 晚上 吃晚饭
2 下周末 听音乐
3 明天 下课
4 明年 搬家

八 用下列词语与动态助词"了"造句

Make sentences with the aspect particle "了" using the following words:

例 E.g. 去书店 词典 刚才我去书店买了(一)本词典。

1 去商店 买东西

2 去医院 看朋友

3 去学校 上课

4 去中国城 买水果

5　去邮局　寄信

九　用下列词语与动态助词“了”、语气助词“了”造句

Make sentences with “了” both as an aspect particle and a modal particle, using the following words:

例 E.g.　打电话　　林达打了电话了。

1　买礼物
2　请假
3　吃药
4　搬家
5　租房子

十　用下列词语与“…了…就…”造句

Make sentences with “…了…就…”using the following words:

例 E.g.　吃饭 去　　我吃了饭就去。

1　下课　吃午饭
2　借书　去教室
3　吃饭　洗澡
4　下课　走

十一　用下列词语与“不是…吗”造句

Make sentences with “不是…吗”, using the following words:

例 E.g.　有《英汉词典》　苏姗不是有《英汉词典》吗?

1　有妹妹
2　去学校
3　写信
4　找到工作
5　会说汉语

十二 用下列动词加结果补语“好”造句

Make sentences, using the following verbs with the resultative complement “好” after them:

例 E.g. 买 我给妹妹买好生日礼物了。

1 准备

2 说

3 商量

4 做

5 吃

6 买

十三 将下列句子改成否定句

Turn the following into negative sentences:

例 E.g. 丁小姐看了美术展览。 改:丁小姐没看美术展览。

1 弟弟买了晚上的电影票。

2 我的同屋去医院了。

3 昨天我吃了中式快餐。

4 上午我们讨论了昨天看的电影。

5 张力搬家了。

6 丁文月考了口试了。

十四 说明下列反问句的作用

Explain the function of the following rhetorical questions:

例 E.g. 她不是有一本《汉英词典》吗?

作用:强调"她"有一本《汉英词典》。

1 李天明不是爱打网球吗?

2 王经理不是在办公室吗?

3 这不是停车场吗?

4 李天明昨天不是出院了吗?

5 田中平不是日本人吗?

6 谢小英不是会说汉语吗?

十五 根据拼音写出词(语)

Write out the words or phrases according to the phonetic given:

1 wǎnhuì
2 wàng le
3 shàng xīngqī
4 chángcháng de miàntiáo
5 chángcháng chī miàntiáo
6 yīnyuè
7 kuàilè
8 xià xīngqī

十六 根据提示组词并注音

Fill in each of the blanks with a character so as to form a word with the other character given, and then spell out their

phonetics:

例 E.g. 晚 晚上 wǎnshang
晚会 wǎnhuì

1 礼 礼______
礼______

2 糕 ______糕
______糕

3 快 快______
______快

十七 根据课文回答问题
Answer the questions on the text:

1 丁文月给苏姗准备了什么生日礼物？林达呢？田中平呢？
2 复述中国人过生日的习俗和送礼的习俗。

十八 用“糟糕”进行简短会话
Make short dialogues after the following situations, using “糟糕”:

1 你去图书馆借书，忘了带借书证。
2 你去申请签证，忘了带护照。
3 你忘了今天有汉语课。
4 明天有考试，你还没准备好。
5 你病了，忘了向张老师请假。

十九　和朋友商量去参加另一个朋友的生日晚会

Discuss with your friend going to the birthday party of another friend of yours.

二十　说说自己最近的一次生日是怎么过的并写成短文

Describe how you celebrated your last birthday and then write a short passage about it.

二十一　学写汉字

Learn to Write the characters:

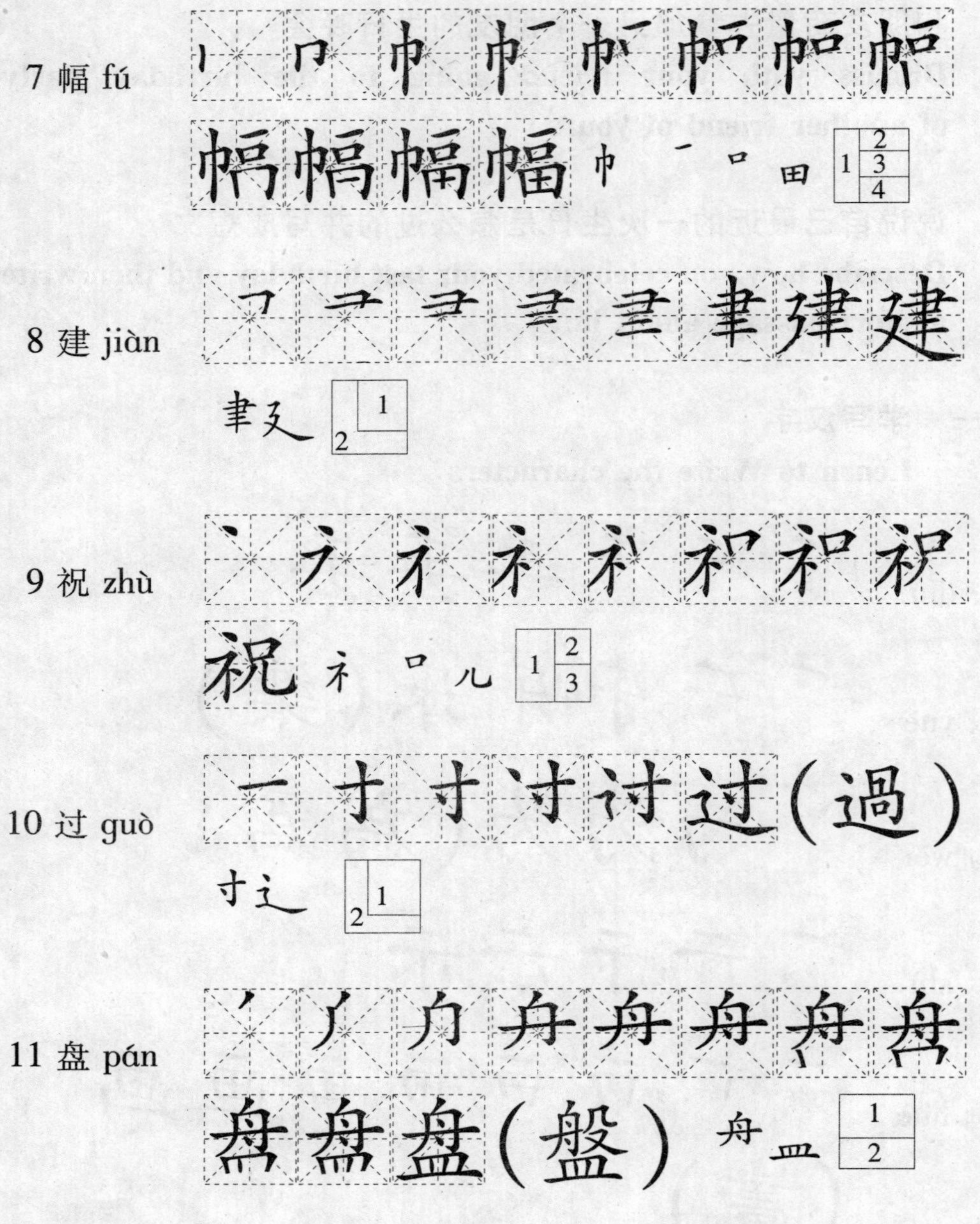

附 **Supplement:**

巾 巾字旁 jīnzìpáng

廴 建之旁 jiànzhīpáng

皿 皿字底 mǐnzìdǐ

第三十五课 Lesson 35

一 读下列短语

Read out the following word groups:

1		2
足球比赛	ˊ ˊ ˇ ˋ	篮球比赛
天气预报	ˉ ˋ ˋ ˋ	网球比赛
这儿的春天	ˋ · ˉ ˉ	不大也不小
不冷也不热	ˋ ˇ ˇ ˊ ˋ	不多也不少
今年冬天	ˉ ˊ ˉ ˉ	去年夏天
太好了	ˋ ˇ ·	今年春天
就要开始了	ˋ ˋ ˉ ˇ ·	明年秋天
最高温度	ˋ ˉ ˉ ˋ	

二 读下列句子(注意句调和节拍群的停顿)

Read out the following sentences (pay attention to the sentence tunes and pauses for rhythm groups):

1 不刮风吗↗?

2 不刮风↘。

3 你看不看↘?

4 我最讨厌'刮大风↘。

5 你好好儿'睡一觉吧↘。

6 天气预报说→,明天上午'阴→,下午'晴→,最高温度'21度↘。

三 扩展练习

Extension exercises:

1 爬山

去：去爬山
要：要去爬山

2 睡
早：早睡
点儿：早点儿睡

3 适应
不太：不太适应
还：还不太适应
对这儿的气候：对这儿的气候还不太适应

四 根据课文填动词
Put in proper verbs according to the text:

1 ______风　　3 ______雪
2 ______雨　　4 ______电视

五 写出下列词语的反义词
Write out the antonyms for the following words:

1 冷 ______　　7 难 ______
2 早 ______　　8 贵 ______
3 长 ______　　9 讨厌 ______
4 上 ______　　10 小 ______
5 远 ______　　11 阴 ______
6 好 ______

六 用下列词语造带“要…了”的肯定式、否定式句子
Make affirmative and negative sentences with “要…了”, using the following words:

例 E.g. 比赛 开始

比赛要开始了。 比赛还没开始呢。

1 电影 开演

2 夏天 到

3 朋友 走

4 李天明 出院

七 用下列词语造带"就要…了"的句子

Make sentences with "就要…了", using the following words:

例 E.g. 电影 开始 电影就要开始了。

1 口试 开始

2 电话 打完

3 中国城 到

4 看样子 下雪

八 用下列词语造带"不…也不…"的句子

Make sentences with the construction "不…也不…", using the following words:

例 E.g. 冷 热 这儿的秋天天气不冷也不热。

1 早 晚

2 长 短

3 大 小

4 多 少

5 远 近

九 用合适的词语替换下列画线的词语

Replace the following underlined parts with proper words:

天气开始冷了。再过几个星期,冬天就要到了。我爱滑雪,冬天在雪地上滑雪好玩儿极了,我希望冬天早点儿到来。

十 选择正确的汉字

Choose the right character for each of the following phonotic notations:

1	shì	*A* 视	*B* 祝	4	yīn	*A* 阳	*B* 阴
2	bào	*A* 极	*B* 报	5	qíng	*A* 晴	*B* 睛
3	yù	*A* 极	*B* 预	6	yàn	*A* 床	*B* 厌

十一 根据提示组词并注音

Fill in each of the blanks with a character so as to form a word with the other character given, and then spell out their phonetics:

例 E.g. 晚 晚上 wǎnshang
晚会 wǎnhuì

1 电 电______
电______
电______

2 球 ______球
______球
______球

3 天 ______天
______天
______天
______天
天______

______天
______天
______天
______天
______天

十二 根据课文回答问题

Answer the questions on the text:

1 田中平的同屋为什么不看足球比赛了?
2 明天的天气怎么样?
3 谈谈他们那儿的气候。

十三 谈谈你家乡的气候并写成短文

Talk about the climate in your hometown and then write a short passage about it, using the words given.

(用:春天、夏天、秋天、冬天、冷、热、变化、喜欢、讨厌、气候)

十四 询问明天的天气情况

Ask about tomorrow's weather, using the words given.

(用:晴、阴、刮风、下雨、最高温度、最低温度)

十五 学写汉字

Learn to write the characters:

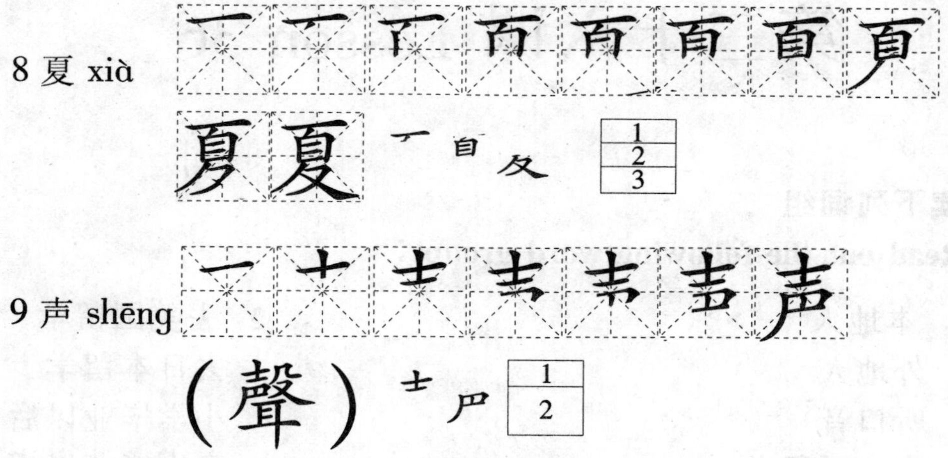
8 夏 xià
一 丆 万 百 百 百 百 頁
夏 夏
一 自 夂
1
2
3
9 声 shēng
一 十 士 声 声 声 声
(聲)
士 尸
1
2

第三十六课 Lesson 36

一　**读下列词组**

Read out the following word groups:

1　本地人　ˇ ˋ ˊ

外地人　ˋ ˋ ˊ

听口音　ˉ ˇ ˉ

去中国留学　ˋ ˉ ˊ ˊ ˊ

从北京回国　ˊ ˇ ˉ ˊ ˊ

生活在一起　ˉ ˊ ˋ ˋ ˇ

中学毕业以后　ˉ ˊ ˋ ˋ ˇ ˋ

2　去美国留学

去日本留学

小学毕业以后

高中毕业以后

大学毕业以后

二　**读下列句子(注意句调和节拍群的停顿)**

Read out the following sentences (pay attention to the sentence tunes and pauses for rhythm groups):

1　你是在哪儿'出生的↘?

2　农村生活'怎么样↘?

3　你是什么时候'开始学习汉语的↘?

4　听口音→,你好像'不是本地人↘?

5　你汉语说得'相当不错啊↘。

6　哪里→,哪里→,过奖了↘。

三　**扩展练习**

Extension exercises:

1　出生

在哪儿：在哪儿出生
是…的：是在哪儿出生的
你：你是在哪儿出生的

2 回国
从北京：从北京回国
才：才从北京回国
前年：前年才从北京回国
是…的：是前年才从北京回国的
我：我是前年才从北京回国的

四 用下列词语造带程度补语的句子
Make sentences with complements of degree, using the following words:

例 E.g. 课文 念 他课文念得不错。

1 问题 回答
2 汉字 写
3 沙拉 做
4 网球 打
5 车 开
6 笔试 考
7 东西 买
8 通俗歌曲 唱
9 汉语 说
10 历史 学

五 用"是…的"改写下列句子并给出否定式
Rewrite each of the following sentences, using "是…的", then turn it into the negative:

例 E.g. 我在北京出生。

我是在北京出生的。我不是在北京出生的。

1 她在奶奶家长大。

2 我来申请签证。

3 丁小姐去中国工作。

4 我们昨天爬山。

5 我朋友在北京学习汉语。

6 我在办公室看见马教授。

7 王先生坐地铁来。

8 他们三年前在北京认识。

六 用"怪不得"改写下列句子

Rewrite the following sentences, using "怪不得":

例 E.g. 罗杰前年才从北京回国,他汉语说得很流利。

怪不得罗杰汉语说得很流利,他前年才从北京回国。

1 谢小英下星期去中国旅行,她要换人民币。

2 田中平感冒了,今天没来上课。

3 张力的弟弟来了,张力要搬家。

4 田中平的同屋明天要去爬山,今天晚上不想看电视了。

5 丁文月是中国人,她知道中国人送礼的习俗。

七 选择填空

Choose the right word for each of the following blanks:

1 八点上课,他七点半____来了。(才 就)
2 八点上课,他八点半____来。(才 就)
3 骑自行车得一个小时____能到中国城。(才 就)
4 开车十五分钟____能到中国城。(才 就)
5 大学毕业____,我想去中国留学。(以后 后来)
6 他们家以前住在这儿,____搬家了。(以后 后来)

八 选择正确的位置

Decide which of the four (*A*, *B*, *C*, *D*) is the right position for the words given:

1 *A* 丁小姐家 *B* 住 *C* 在这儿 *D*。 一直
2 *A* 他 *B* 跟父母生活 *C* 在一起 *D*。 一直
3 *A* 这几天 *B* 下雨 *C*。 一直
4 *A* 从八点到十点 *B* 张力 *C* 在 *D* 看书。 一直
5 *A* 王先生 *B* 去过中国 *C* 和日本 *D*。 先后
6 *A* 他 *B* 学了英语 *C* 和汉语 *D*。 先后
7 上午 *A* 王经理 *B* 打了 *C* 五个电话 *D*。 先后
8 *A* 我弟弟 *B* 养了 *C* 三只小狗 *D*。 先后

九 解释下列画线的词语

Explain the underlined words in the passage below:

李小姐一家喜欢去中国旅行,前年她父亲去了,去年她父母一块儿去了。今年秋天她父母要带她一起去。明年夏天她父母还打算带她爷爷、奶奶一起去中国旅行呢。听说她父亲后年要去北京工作。

十 判断正误(在正确的句子末尾打✓,错误的句子末尾打×并改正)

Decide if the following sentences are correct (put the sign "√" at the end of the correct sentences and the sign "×" at the end of incorrect ones and rewrite them):

1 明年我朋友打算留学中国。
2 她已经大学毕业了。
3 去年冬天王先生回国从北京了。
4 明年我也想去中国留学。
5 我弟弟毕业中学了。
6 明天马教授就要从美国回国了。

十一 给下列词语注音

Spell out the phonetics for the following words:

1 长大　　　4 一切
2 长时间　　5 流利
3 一直　　　6 留学

十二 选择正确的汉字

Choose the right character for each of the phonetic notations below:

1 cái *A* 寸 *B* 才　　　4 kāi *A* 升 *B* 开
2 guài *A* 怪 *B* 圣　　　5 qiè *A* 切 *B* 沏
3 jiǔ *A* 文 *B* 久　　　6 zhí *A* 直 *B* 真

十三 根据课文回答问题

Answer the questions on the text:

1 复述罗杰的经历
2 复述苏姗的经历

十四　别人夸奖你的汉语说得好，怎么回答？别人夸奖你的汉字写得相当不错，怎么回答？

What should you say when someone presents a compliment on your spoken Chinese or your handwriting of Chinese characters?

十五　用"怎么说呢"进行简短对话

Make short dialogues on the following topics, using "怎么说呢":

1　你为什么要学习汉语
2　你为什么想去中国留学
3　你为什么喜欢你的小宠物

十六　描述你的家乡并写成短文

Describe your hometown and write a short passage about it:

十七　学写汉字

Learn to write the characters:

1 久 jiǔ
2 业 yè
3 后 hòu

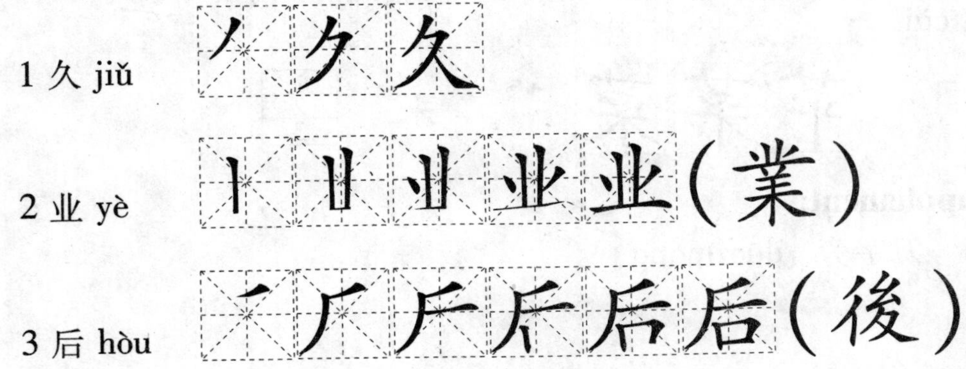

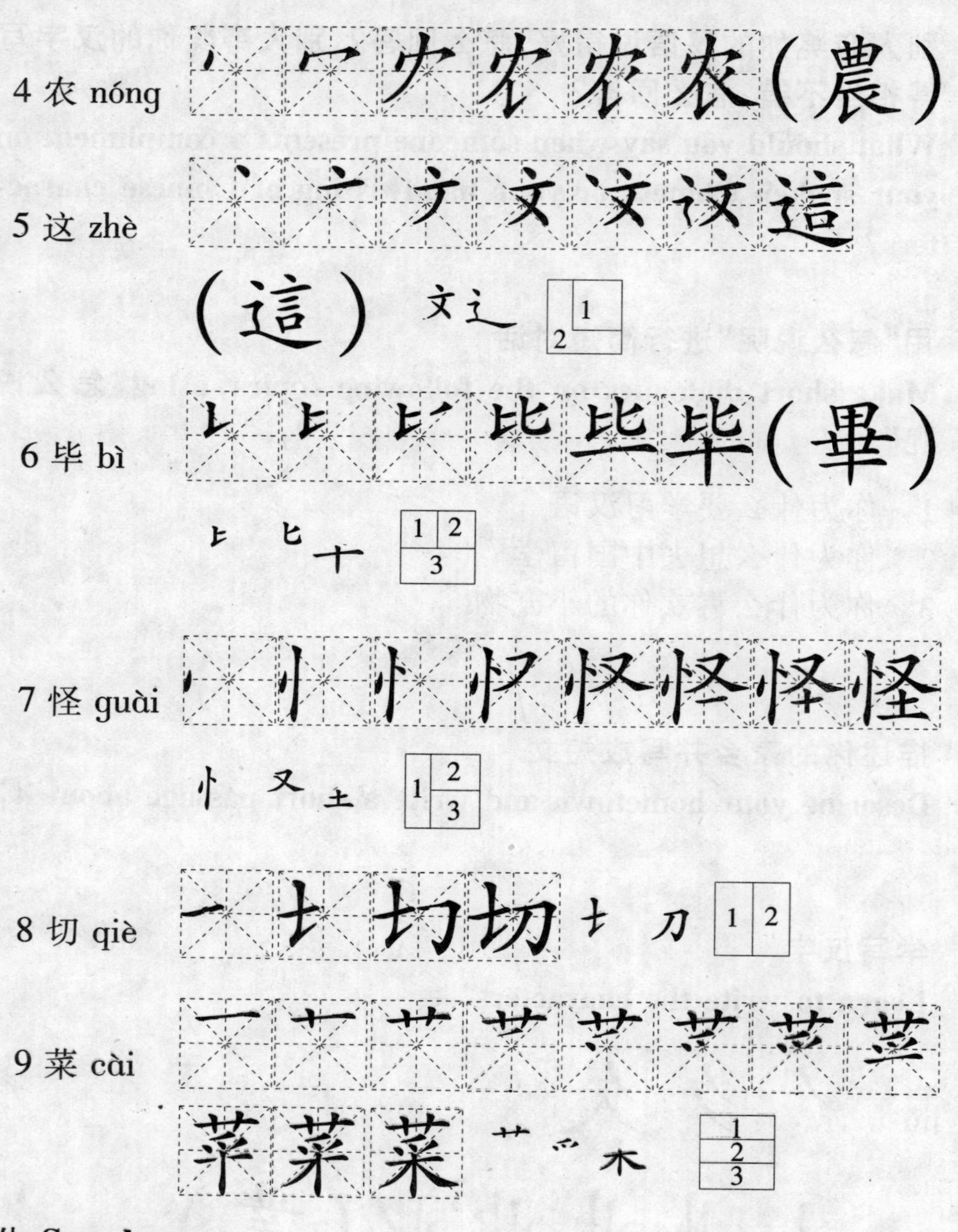

附 **Supplement:**

刀　刀字旁　dāozìpáng

第三十七课 Lesson 37

一　读下列短语

Read out the following phrases:

1　进城去　ˋ ˊ ˋ

　早点儿走　ˊ ˪ · ˇ

　电话费　ˋ ˋ ˋ

　在抽屉里　ˋ ˉ ˋ ·

　带照相机去　ˋ ˋ ˋˉˋ

　带点儿钱去　ˋ ˪ ˊ ˋ

2　回国去

　回家去

　回学校去

　快点儿走

　带护照去

　带照片去

二　读下列句子(注意句调和节拍群的停顿)

Read out the following sentences (pay attention to the sentence tunes and pauses for rhythm groups):

1　妈妈→,我下午'出去↘。

2　妈妈→,今天'洗衣服吗↗?

3　文月→,你的手表'在这儿→,别忘了↘。

4　你的车不是坏了吗↘?

5　你关了吧↘。

6　你开我的车去吧↘。

三　扩展练习

Extension exercises:

1　去玩儿

　　一起:一起去玩儿

　　跟同学:跟同学一起去玩儿

2　毛衣

蓝：蓝毛衣
那件：那件蓝毛衣
我：我那件蓝毛衣
看见：看见我那件蓝毛衣
了：看见我那件蓝毛衣了
吗：看见我那件蓝毛衣了吗

四 用简单趋向补语造句

Make sentences with simple directional complements:

例 E.g. 我晚饭以前回来。

1 送去
2 送来
3 借来
4 寄来
5 寄去
6 打来(电话)
7 带来
8 带去

五 用下列词语造带简单趋向补语的句子

Make sentences with simple directional complements, using the following words:

例 E.g. 回家 他回家去了。

1 回国
2 进屋
3 回美国
4 上医院
5 到学校

六 用下列词语造带简单趋向补语的句子：

Make sentences with simple directional complements, using the

following words:

例 E.g.　交电话费　丁文月交电话费去了。

1　请一位教授

2　买生日卡片

3　写一封信

4　带照相机

七　用强调宾语的方式改写下列句子:

Rewrite the following sentences, using emphatic objects:

例 E.g.　您交电话费了吗?
　　　　您电话费交了吗?
　　　　电话费您交了吗?

1　她找到蓝毛衣了。

2　我朋友看那场篮球比赛了。

3　丁小姐已经还那两本书了

4　妈妈做好饭了

八　用表示强调的"是"改写下列句子:

Rewrite the following sentences, using "是" showing emphasis:

例 E.g.　灯不亮了。　灯是不亮了。

1　今天很冷。

2　丁文月考得不错。

3　他有三个妹妹。

4　明天要刮大风。

5 昨天妈妈打了一个电话给我。

九 根据提示组词(语)并注音

Fill in the blanks with proper characters so as to form words or phrases with the other characters given, and then spell out their phonetics:

1 费 ____费　　2 包 ____包
　　 ____费　　　　 ____包
　　 ____费
　　 ____费　　　　 包____

十 "衫、衬、裤、裙"相同的偏旁是什么？为什么？

Point out the similar component in the characters "衫, 衬, 裤 and 裙" and explain why.

十一 根据课文回答问题

Answer the questions on the text:

1 丁文月下午去哪儿？去干什么？
2 丁文月要带什么去？怎么去？
3 妈妈交代了丁文月什么事？

十二 看图完成对话(用趋向补语)

Complete the following conversations after the pictures, using directional complements:

1 B：

A：在，进来吧。

C：你先________。

B：走，一块儿进去吧。

2 B：

A：啊，你来了！上来吧。

B：我有点儿累，你____吧，我不____了。

A：好的。

十三 询问新买的词典在哪儿(用"噢，知道了")

Ask where the dictionary you have recently bought is , using "噢，知道了".

十四 学写汉字

Learn to write the characters:

1 机 jī

2 裤 kù

3 顺 shùn

4 费 fèi

5 查 chá

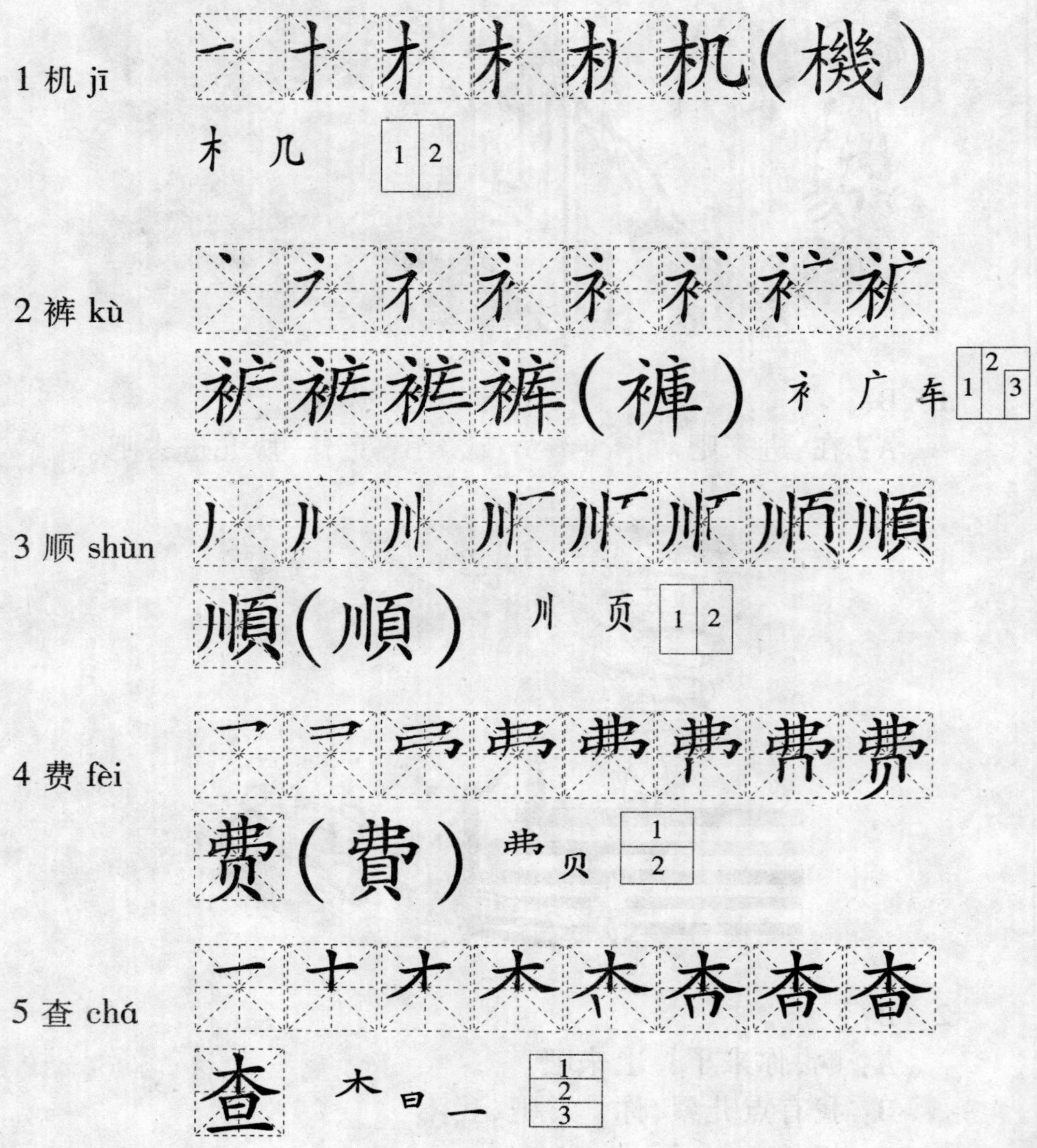

6 蓝 lán

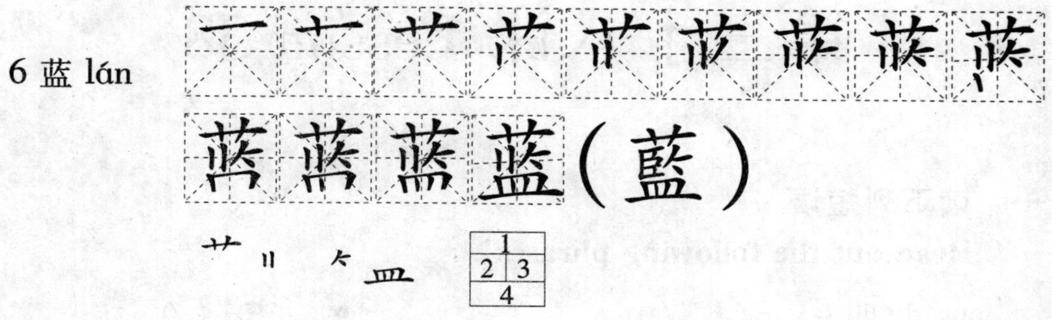

附 **Supplement:**

衤 衣字旁 yīzìpáng

第三十八课 Lesson 38

一 读下列短语

Read out the following phrases:

1 接朋友 ˉ ˊ ·
没想到 ˊ └ ˋ
飞机晚点 ˉ ˉ ˊ ˇ
不能不去 ˋ ˊ ˊ ˋ
明天晚上 ˊ ˉ └ ·
下个月 ˋ ˋ ˋ
举行运动会 └ ˊ ˋ ˋ ˋ
等了半天 └ · ˋ ˉ
看了一会儿 ˋ · ˊ ˋ

2 昨天上午
今天晚上
上个星期
这个星期
下个星期
不能不洗
不能不写
听了一个小时
走了十分钟

二 读下列句子(注意句调和节拍群的停顿)

Read out the following sentences (pay attention to the sentence tunes and pauses for rhythm groups):

1 昨天的'排球比赛'你看了没有↘?
2 怎么了↗?
3 比赛结果'怎么样↘?
4 谁赢了↗?
5 没错↘,我是一个'球迷→,你呢↗?
6 怎么↘,你不是'每天都'锻炼吗↗?
7 看来→,你活一百岁'没问题↘。

三 扩展练习

Extension exercises:

1 朋友
  接：接朋友
  不去：不去接朋友
  不能：不能不去接朋友
2 看
  了：看了
  一会儿：看了一会儿
3 小时
  两个：两个小时
  多：两个多小时

四 用下列词语造带时量补语的句子

Make sentences with time-measure complements, using the following words:

例 E.g. 比赛 两个多小时
比赛进行了两个多小时。

1 谈 二十分钟
2 走 一刻钟
3 学 三年
4 休息 一个星期
5 病 三天
6 等 一下儿
7 看 一下儿
8 讨论 一下儿

五 用下列词语造带宾语的时量补语句子

Make sentences with time-measure words between the verbs and their objects, using the following words:

例 E.g. 学汉语 一年
我学了一年汉语。我学了一年的汉语。

1 听音乐 两个小时
2 看电视 一个晚上
3 打电话 半个小时
4 写信 一上午
5 坐车 两个小时
6 打篮球 十年

六 用下列动词与“不能不”造句,并指出句子的意思
Make sentences with “不能不” and the following verbs, and point out the meaning in each sentence:

例 E.g. 去 我不能不去接朋友啊。(我一定得去接朋友。)

1 买
2 说
3 学
4 参加
5 休息

七 用下列动词与“不应该不”造句并指出句子的意思
Make sentences with “不应该不” and the following verbs, and point out the meaning in each sentence:

例 E.g. 知道 这件事他不应该不知道。(这件事他应该知道。)

1 来
2 认识
3 写
4 做
5 唱

八 用下列词语与“不但…而且…”造句
Make sentences with the construction “不但…而且…” using the

following words:

例 E.g.　汉语　英语　他不但会说汉语而且会说英语。

1　听音乐　跳舞
2　说汉语　写汉字
3　喜欢古典音乐　喜欢通俗音乐
4　头疼　发烧
5　买了生日卡片　买了生日蛋糕
6　内容简单　对话太多
7　刮风　下雪
8　可爱　听话

九　根据提示组词并注音

Fill in each of the blanks with a character so as to form a word with the other character given, and then spell out their phonetics:

1 结　结____　　　　2 场　____场
　　　结____　　　　　　　____场

3 晚　晚____　　　　4 跳　跳____
　　　晚____　　　　　　　跳____
　　　晚____　　　　　　　跳____

十　根据提示组字并组词(语)注音

Form a character with each of the following components given and make a word or a phrase with it, and finally spell out their phonetics:

例 E.g.　𧾷　跑　跑步　pǎo bù

辶 辶　　　辶
　 辶　　　辶
　 辶　　　辶

十一　选择正确的汉字

Choose the right character for each of the following phonetic notations:

1　shù　*A* 束　*B* 东　　4　wèi　*A* 办　*B* 为
2　shí　*A* 买　*B* 实　　5　zhǔn　*A* 准　*B* 淮
3　jǔ　*A* 举　*B* 米　　6　huó　*A* 话　*B* 活

十二“跑”、“跳”相同的偏旁是什么？为什么？

Point out the similar component in words “跑”and “跳” and explain why.

十三　根据课文回答问题

Answer the questions on the text:

1　张力为什么没看完排球比赛？
2　这场排球比赛的结果怎么样？
3　张力喜欢什么运动？为什么？
4　为什么张力说田中平活一百岁没问题？

十四　用“看来”完成下列句子

Complete the following sentences, using “看来”:

1　李天明的书包是黑的，这个书包是白的。看来，__________
______________________________________。

2 丁文月在中国城买了四双中国布鞋。看来,______________________________。

3 田中平的同屋头疼,嗓子疼,还咳嗽,发烧。看来,______________________________。

4 天气预报说,明天刮风,下雪,气温很低。看来,______________________________。

5 苏姗觉得昨天看的电影故事很生动,很有意思,女主人公也长得很漂亮。看来,______________________________。

十五 和朋友谈论看过的一场篮球比赛

Talk with your friend about a basketball match you went to.

十六 说说你是怎么锻炼身体的并写成短文

Talk about what you do to keep yourself fit and write a short passage about it.

十七 学写汉字

Learn to write the characters:

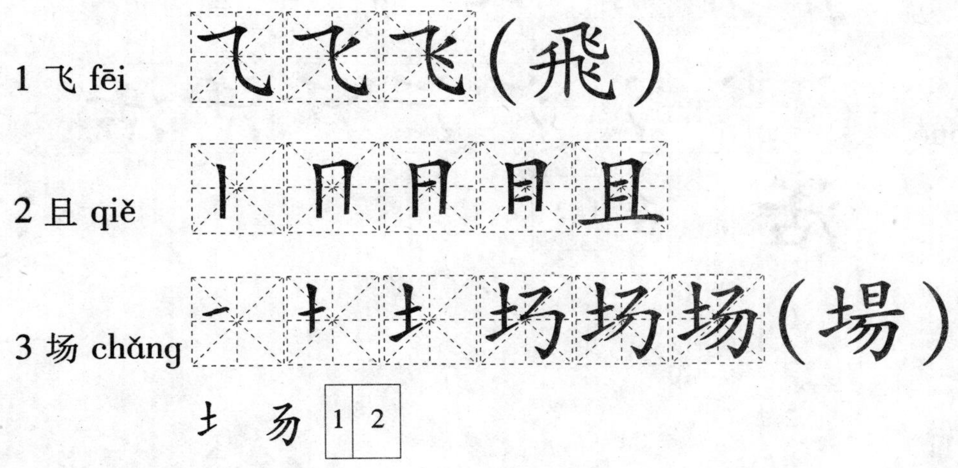

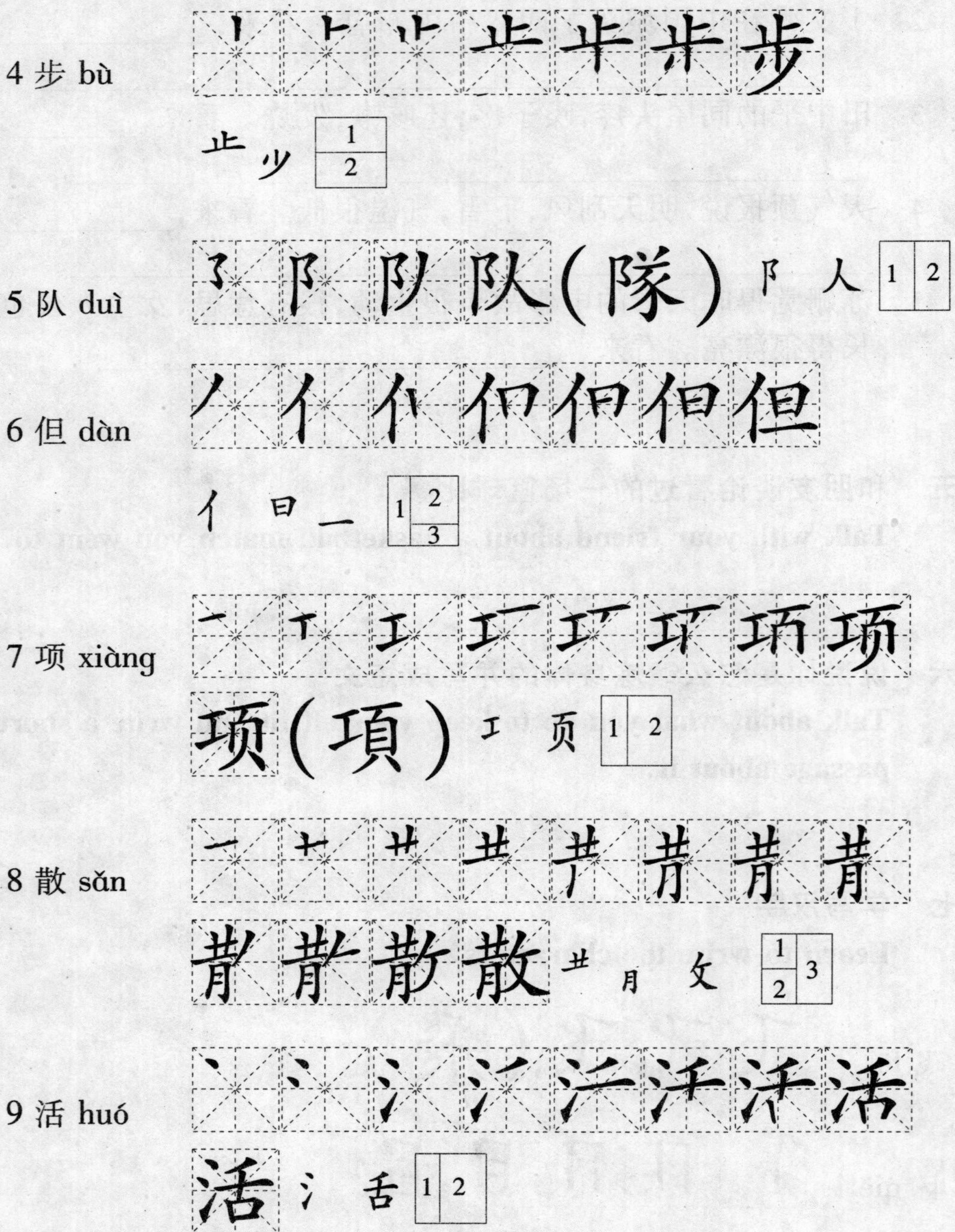

4 步 bù

5 队 duì

6 但 dàn

7 项 xiàng

8 散 sǎn

9 活 huó

第三十九课 Lesson 39

一　读下列短语

Read out the following phrases:

1　好消息　ˇ ˉ ·
　女朋友　ˇ ˊ ·
　不一定　ˋ ˊ ˋ
　说不定　ˉ · ˋ
　有时间　ˇ ˊ ˉ
　别送了　ˊ ˋ ·
　好久不见了　ˊ ˇ ˋ ˋ ·

2　男朋友
　有机会
　有空儿
　坐火车
　坐飞机
　现在的女朋友
　原来的女朋友

二　读下列句子（注意句调和节拍群的停顿）

Read out the following sentences (pay attention to the sentence tunes and pauses for rhythm groups):

1　好久'不见了→，一切'都好吧↘。
2　你的感觉'不一定对吧↘。
3　他啊→，他的变化'可大了↘。
4　听到'什么消息'没有↘？
5　什么'好消息↘？
6　好↘，别送了↘，请留步↘。

三　扩展练习

Extension exercises:

1　忙

　　跟以前一样：跟以前一样忙
　　现在：现在跟以前一样忙

我：我现在跟以前一样忙

2 工作

研究：研究工作

做：做研究工作

非常重要的：做非常重要的研究工作

一项：做一项非常重要的研究工作

正在：正在做一项非常重要的研究工作

四 用下列词语造"比"的比较句：

Make sentences of comparison with "比", using the following words:

例 E.g. 难一点儿　　今天的课文比昨天的课文难一点儿。

1 冷
2 大
3 高
4 好
5 快一些
6 忙一点儿
7 贵多了
8 便宜一点儿

五 用下列形容词与"A 跟 B 一样"造句

Make sentences with the comstruction "A 跟 B 一样", using the following words:

例 E.g.　忙　我现在跟以前一样忙。

1 大
2 热
3 贵
4 漂亮

5 新
6 难
7 有意思
8 好看
9 好吃
10 简单

六 用下列形容词与“没有”造句

Make sentences with “没有”, using the following words:

例 E.g. 忙 他没有我忙。

1 好看
2 高
3 大
4 便宜
5 好
6 容易

七 用下列词语与“忙”造句

Make sentences with “忙”, using the following words:

例 E.g. 工作 他每天忙工作。

1 考试
2 搬家
3 做饭
4 学习
5 翻译
6 开会

八 用“可…了”改写下列句子

Rewrite the following sentences, using “可…了”:

例 E.g. 他的变化大。他的变化可大了。

1 今天冷。
2 他汉语说得流利。
3 弟弟养的小狗好玩儿。
4 最近爸爸工作忙。
5 昨天的电影好看。
6 农村的空气新鲜。

九 用"请代…向…问好"改写下列句子

Rewrite the following sentences, using the construction "请代…向…问好":

例 E.g. 请告诉张力,我问他好。 请代我向张力问好。

1 请告诉丁文月,我问她好。

2 请告诉姥姥,我问她好。

3 请告诉王先生,马教授问他好。

4 请告诉大哥,他朋友白云问他好。

十 解释下列画线词的意思

Explain the underlined words in the passage below:

张红是我父亲的<u>侄子</u>,刚从中国留学回来,正在找工作,他希望当翻译。我父亲的<u>外甥</u>也刚从中国留学回来,不过,他在中国学的是历史而不是汉语。有意思的是他俩并不认识,其实,一个是我的<u>堂弟</u>,一个是我的<u>表弟</u>,他们俩都认识我。

十一 填空

Fill in each of the blanks with a proper word:

李先生原来的女____友到欧____去了。他觉____他现在的女朋友更____亮。他今天晚上和女朋友有一个____会，他说，他____后会常给我打电____的。

十二 根据课文回答问题

Answer the questions on the text:

1 王云山的朋友为什么来看他？

2 复述刘江现在的情况。

十三 主人送你时，你应该说什么？

What should you say when the host/hostess sees you off as you are leaving?

十四 客人请你不要送了，你怎么回答？

What should you reply when your guest who is leaving asks you not bother to see him/her off?

十五 你想请人问候另外一个人时，怎么说？

What should you say if you want one to send your regards to another one?

十六 学写汉字

Learn to write the characters:

1 重 zhòng

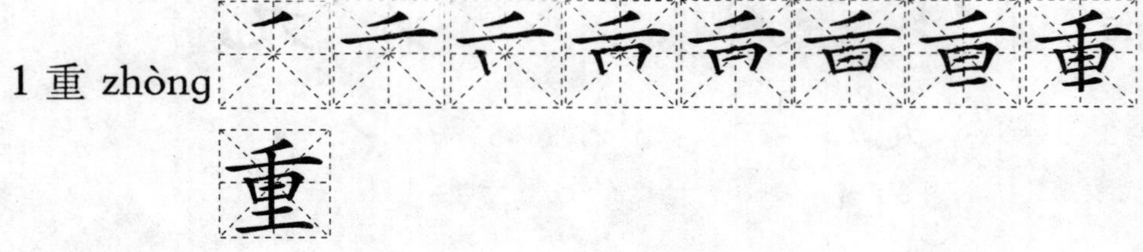

2 原 yuán

3 播 bō

4 闻 wén

5 访 fǎng

6 研 yán

7 究 jiū

8 定 dìng 丶 丷 宀 宀 宀 宀 定 定

宀 疋

1
2

9 向 xiàng 丿 丿 向 向 向 向

冂 口

1	
	2

第四十课 Lesson 40

一　读下列短语

Read out the following phrases:

1 最有名　ˋ └ ˊ
用筷子　ˋ ˋ ·
有机会　└ ˉ ˋ
这么客气　ˋ · ˋ ·
非常高兴　ˉ ˊ ˉ ˋ
请稍等一会儿　└ ˉ ˇ ˊ ˋ
好好儿尝尝　└ ˉ ˊ ·

2 用刀子
用叉子
用盘子
用汉语说
用英语说
好好儿玩玩儿
好好儿看看

二　读下列句子(注意句调和节拍群的停顿)

Read out the following sentences (pay attention to the sentence tunes and pauses for rhythm groups):

1　谁来'点菜↘?
2　今天'你请客→,你点吧↘。
3　来个'糖醋鱼→,怎么样↘?
4　你用筷子'还是用刀子↘?
5　来→,为我们的'友谊'干杯↘!
6　为大家的'健康'干杯↘!

三　扩展练习

Extension exercises:

1　饭馆

有名的:有名的饭馆

最:最有名的饭馆
中国城:中国城最有名的饭馆
是:是中国城最有名的饭馆
这:这是中国城最有名的饭馆

2 饭菜
中国:中国饭菜
尝尝:尝尝中国饭菜
来:来尝尝中国饭菜

四 用下列词语与动态助词"过"造肯定式和否定式句子

Make affirmative and negative sentences with the aspect particle "过", using the following words:

例 E.g. 吃饺子
我吃过饺子。
我没有吃过饺子。

1 去 北京

2 学 汉语

3 看 中国电影

4 当 翻译

5 养 猫

6 参加 篮球比赛

五 用"只好"完成下列句子

Complete the following sentences, using "只好":

例 E.g. 你们都这么客气,只好我来点了。

1 今天的天气这么不好,______________。
2 这件上衣太贵了,______________。
3 爸爸,妈妈这么忙,______________。
4 坐地铁的人太多了,______________。
5 我这几天感冒,发烧,______________。

六 回答问题

Point out the similar component in each of the following character groups given and explain why:

1 "炸、炒、烧、烤"相同的偏旁是什么? 为什么?
2 "酒、汤"相同的偏旁是什么? 为什么?
3 "饺、饭"相同的偏旁是什么? 为什么?

七 根据拼音写出汉字

Write out the characters according to the phonetic notations given:

1 chángchang zhōngguó cài
2 chángcháng de miàntiáo
3 chángcháng
4 yǒuyì
5 tíyì

八 根据课文回答问题

Answer the questions on the text:

1 他们为什么去饭馆吃饭?

2 复述他们点菜的顺序。

九 表演在中国饭馆吃饭

Make a short play about dining in a Chinese restaurant.

(提示:A.B.C.D 四个朋友一块儿吃饭 这天是 A 的生日,A 请客 一位服务小姐)

(Clues:Four friends A.B.C.D.are having dinner together. It is A's birthday,A entertains his friends.A waitress.)

十 学写汉字

Learn to write the characters:

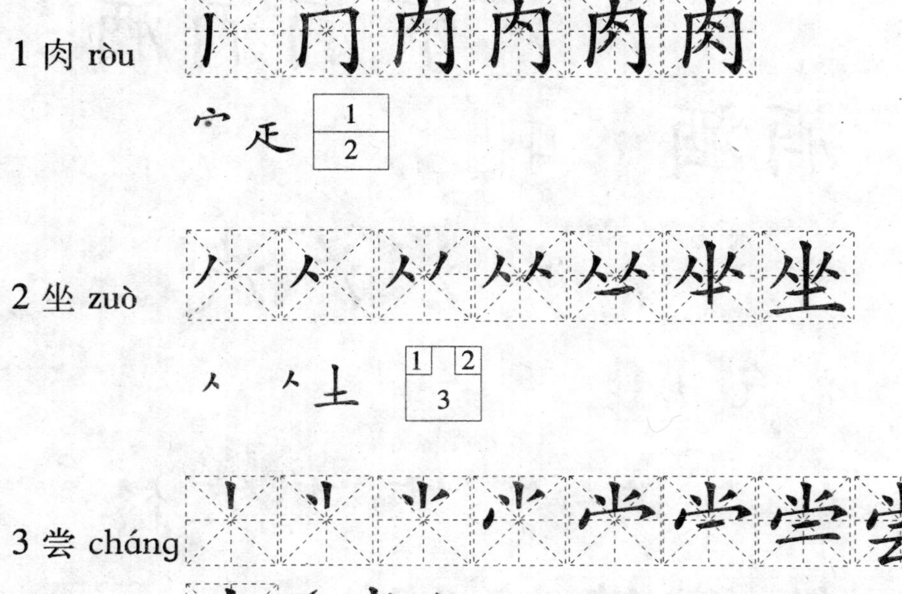

4 糖 táng

5 炸 zhà

6 鸭 yā

7 酒 jiǔ

8 汽 qì

9 筷 kuài

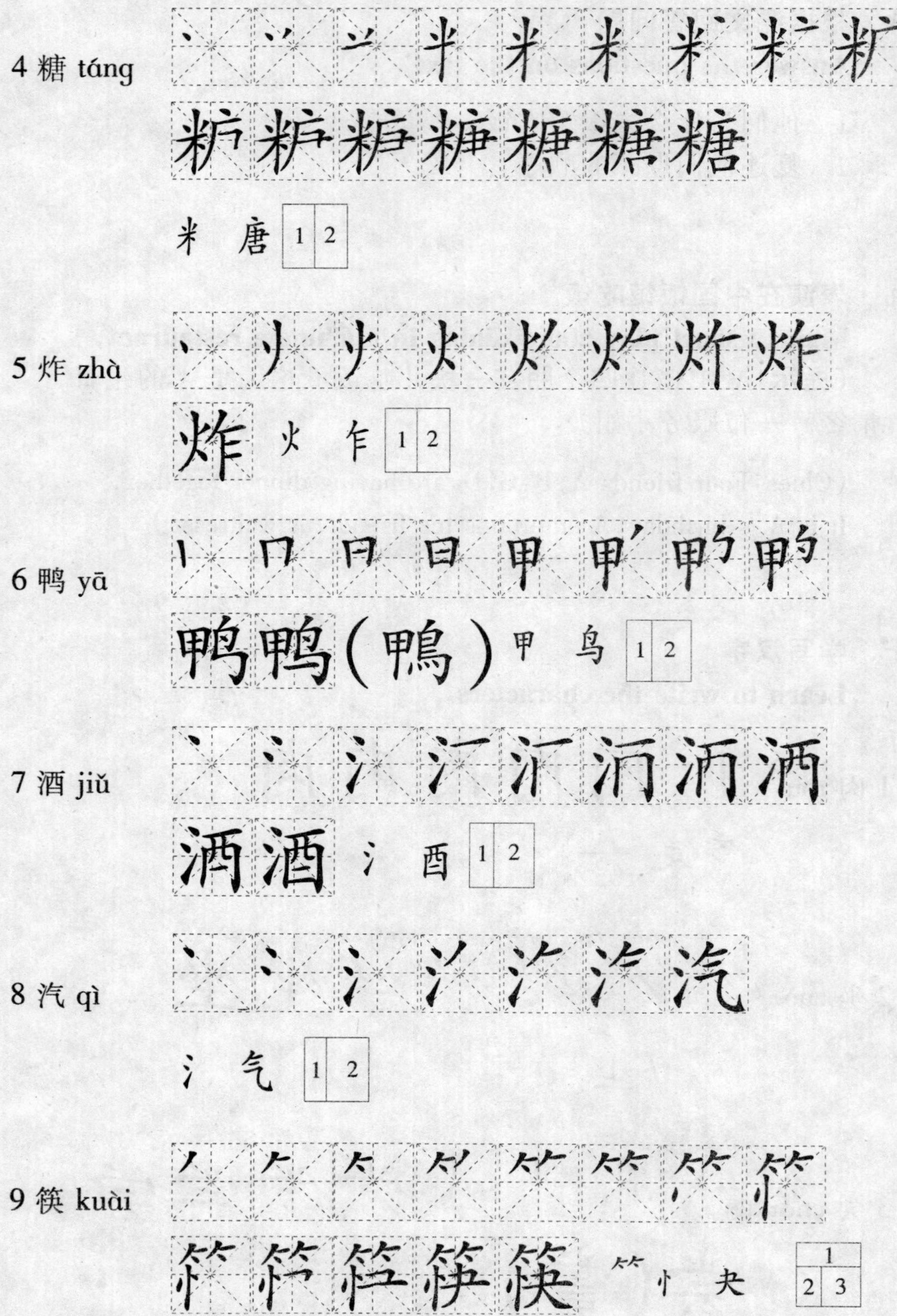

第四十一课 Lesson 41

一　读下列词组

Read out the following phrases:

1 读硕士 ˊ ˋ ˋ
读博士 ˊ ˊ ˋ
中文学校 ˉ ˊ ˊ ˋ
教学经验 ˋ ˊ ˉ ˋ
中国历史 ˉ ˊ ˋ ˇ
短期学习班 ˇ ˉ ˊ ˊ ˉ
有什么打算 ˇ ˊ · ˇ ˋ
报考研究生 ˋ ˇ ˊ ˉ ˉ
提高汉语水平 ˊ ˉ ˋ ˇ ˇ ˊ
中国少数民族 ˉ ˊ ˇ ˋ ˊ ˊ

2 读小学
读中学
读大学
英文学校
学习经验
工作经验
报考大学

二　读下列短文(注意节拍群的停顿)

Read out the following passage (pay attention to pauses for rhythm groups):

王云山'就要大学毕业了↘。他打算'报考研究生→,读完硕士'再读博士↘。他对'中国少数民族历史'感兴趣→,想研究'少数民族历史↘。

丁文月'暑假要去'一个中文学校'学习汉语↘。她听说'这个中文学校'办得很好→,不少老师'是从中国'聘请来的→,有丰富的'教学经验↘。这个学校'练习说汉语的机会'很多→,参加过的人'都很满意↘。

三　根据课文填动词

Fill in each of the blanks with a proper verb according to the text:

1 ______打算
2 ______老师
3 ______经验
4 ______申请
5 ______中国
6 ______奖学金
7 ______学习班
8 ______研究生
9 ______汉语水平
10 ______中国文学

四 用连词“但是”完成下列句子

Complete the following sentences with the conjunction “但是”:

例 E.g. 这个学校虽然学费贵一些,但是办得很好。

1 明天虽然要刮大风,____________。

2 他虽然不会写汉字,____________。

3 丁先生虽然不是本地人,____________。

4 虽然今天的口试不太难,____________。

五 用下列词语造带“既…又…”的句子

Make sentences with “既…又…”, using the following words:

例 E.g. 打篮球 打网球

田中平既爱打篮球又爱打网球。

1 英语 汉语

2 记者 翻译

3 生日蛋糕 生日卡片

4 办公室 家

六 用连词"所以"完成下列句子

Complete the following sentences with the conjunction "所以":

例 E.g. 林达因为经济比较困难，所以暑假得打工。

1 爷爷因为年纪大了，____________________。

2 老先生因为不是这儿的人，____________________。

3 田中平因为对中国少数民族有兴趣，________________。

4 我因为要去机场接人，____________________。

5 因为这个学校不错，____________________。

七 用副词"然后"完成下列句子

Complete the following sentences with the adverb "然后":

例 E.g. 我打算先到北京参加汉语短期学习班，然后在中国旅行一个月。

1 我先去邮局寄信，____________________。

2 你先给家里打电话，____________________。

3 这次考试先考笔试，____________________。

4 你先点菜，____________________________。

5 我得先回家看爸爸妈妈，____________________。

6 你得先坐四小时飞机，____________________。

八 用“除了…外,还(也,又)…”或“除了…外,都(全)…”改写下列句子

Rewrite the following sentences ,using “除了…以外,还(也,又)…” or “除了…以外,都(全)…”:

例 E.g. 她认识马教授,也认识王教授。
她除了认识马教授以外,也认识王教授。

1 我们学校有中文系,还有历史系、经济系、法律系等。

2 他会说英语,还会说汉语、法语、日语。

3 她头疼,还发烧。

4 丁文月喜欢游泳,还喜欢打网球。

5 李天明只爱听爵士音乐。

6 奶奶只会说英语。

7 今天只有田中平没来上课。

8 我只买中国布鞋。

九 根据拼音写出汉字

Write out the characters according to the phonetics given:

1	shūjià	5	liǎojiě
2	xuéfèi	6	suǒyǐ
3	jìhuà	7	pīzhǔn
4	shuǐpíng	8	háishi

十 根据课文回答问题

Answer the questions on the text:

1 分别复述田中平、丁文月、王云山、罗杰、林达的暑假打算。
2 丁文月为什么要去那个中文学校学习?
3 王云山报考研究生想学什么专业? 为什么?
4 林达为什么要打工? 她找到工作了吗?

十一 谈谈自己下一个假期的打算并写成短文(用"打算,因为…所以")

Talk about your plan for the next vacation and write a short passage about it, using "打算,因为…所以":

十二 询问大学毕业后的打算(四人一组练习)

Group work(4 students):Ask about one's plans after graduation.

十三 学写汉字

Learn to write the characters:

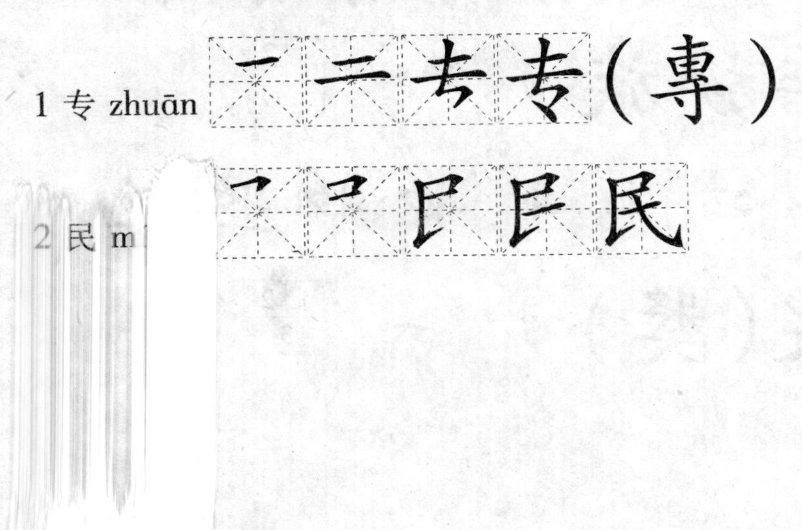

3 虽 suí

4 聘 pìn

5 富 fù

6 短 duǎn

7 族 zú

8 奖 jiǎng

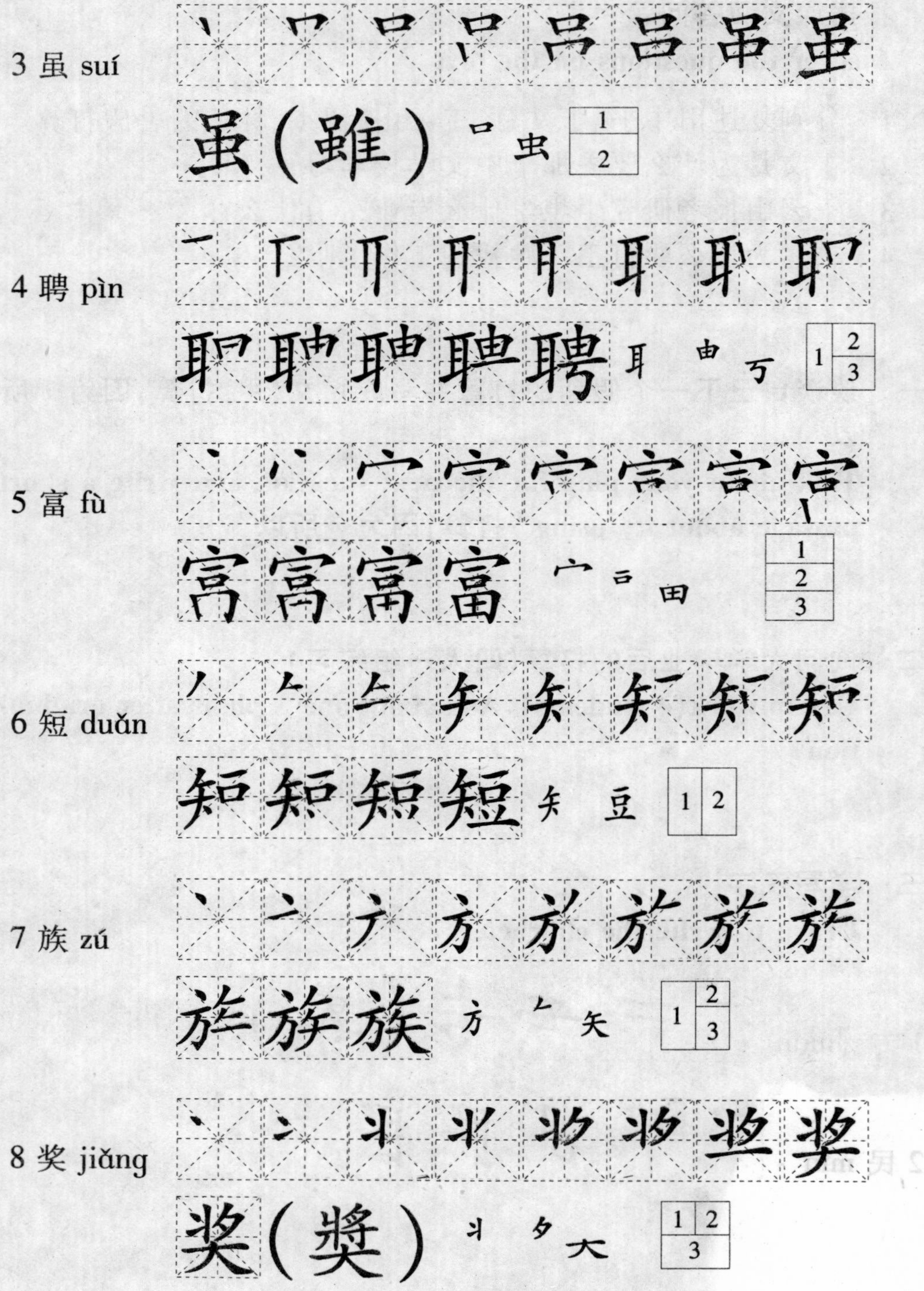

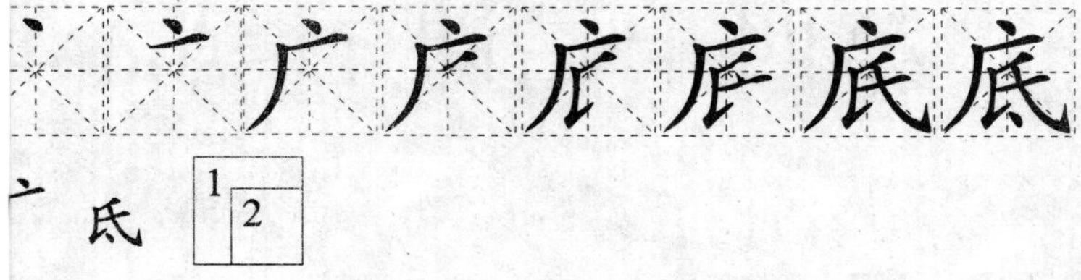

虑 虑 (慮) 虍 心

nt:

旁 ěrzìpáng

头 hǔzìtóu

第四十二课 Lesson 42

一　读下列词组

Read out the following phrases:

1　吃喜糖　ˉ └ ˊ
　喝喜酒　ˉ ˊ ˇ
　赶回来　└ ˊ ·
　慢慢地走　ˋ ˉ · ˇ
　还没有呢　ˊ ˊ ˇ ·
　参加婚礼　ˉ ˉ ˉ ˇ
　举行婚礼　└ ˊ ˉ ˇ
　健康检查　ˋ ˉ └ ˊ
　早就结婚了　└ ˋ ˊ ˉ ·
　早在几年前　└ ˋ └ ˊ ˊ
　原来是这样　ˊ ˊ ˋ ˋ ˋ
　打电话问大使馆　└ ˋ ˋ ˋ ˋ └ ˇ

2　赶回去
　快点儿走
　参加考试
　参加面试
　参加比赛
　早就学过了
　早就去过了
　早在几天前
　早在几个星期前
　早在几个月前收到信了

二　读下列短文(注意节拍群的停顿)

Read out the following passage (pay attention to pauses for rhythm groups):

在中国→,男女双方'恋爱以后→,如果两个人关系'发展得很好→,决定要结婚→,他们就得'先到医院做婚前健康检查→,然后'领取结婚证书→,这样'才能成为'合法夫妻↘。中国人结婚'一般都要'举行婚礼→,很多人'在家里办→,也有'在饭店办的↘。新郎新娘'要请亲戚朋友'吃喜糖→、喝喜酒↘。

三　用下列词语造带复合趋向补语的句子

Make sentences with complex directional complements, using the

following words:

例 E.g. 赶 参加考试
她赶回来参加考试了。

1 买 一个大蛋糕

2 带 一个女朋友

3 走 一位老先生

4 赶 申请签证

5 赶 面试

四 用下列词语造带处所宾语的复合趋向补语句子

Make sentences that contain objects showing locality with complex directional complements, using the following words:

例 E.g. 下山 他们走下山来了。

1 回家

2 回国

3 进屋

4 上楼

5 上山

五 用下列动词造不带宾语的复合趋向补语句子

Use the following verbs to make sentences that contain complex directional complements without objects:

例 E.g. 拿 他拿回去了。

1 买

2 走

3 寄

4 借

六 用下列词语与"有的…有的…"造句

Make sentences with "有的…有的…", using the following words:

例 E.g. 好 不好

这次考试有的考得好,有的考得不好。

1 不错 不怎么样

2 贵 便宜

3 能及格 不能及格

4 说汉语 说日语

七 用"说起…来"完成句子

Complete the following sentences with "说起…来":

例 E.g. 说起婚姻来,您介绍一下儿中国人的婚姻情况吧。

1 说起音乐来,________________。
2 说起考试来,________________。
3 说起找工作来,________________。
4 说起留学来,________________。
5 说起宠物来,________________。

6　说起暑假来，______________________。

八　解释下列词语的意思

Explain the meaning of each of the following words:

例 E.g.　姐姐的丈夫：姐夫

1　妹妹的丈夫：
2　姑姑的丈夫：
3　姨的丈夫：
4　结婚时的男子：
5　结婚时的女子：

九　根据课文回答问题

Answer the questions on the text:

1　苏姗今天为什么没来？
2　复述苏姗的姐姐的婚姻情况。
3　复述中国人的婚姻情况。

十　用"哦，原来是这样"进行简短对话

Make short dialogues using "哦，原来是这样":

1　谈论天气。
2　谈论朋友搬家。
3　谈论朋友的汉语水平。
4　谈论朋友住院。

十一　用"还没有呢"进行简短对话

Make short dialogues using "还没有呢":

1　询问放暑假。
2　询问什么时候去中国留学。
3　询问考试。
4　询问找工作。

十二 说说你们国家的婚姻情况并写成短文

Talk about marriage in your country and write a short passage about it.

十三 学写汉字

Learn to write the characters:

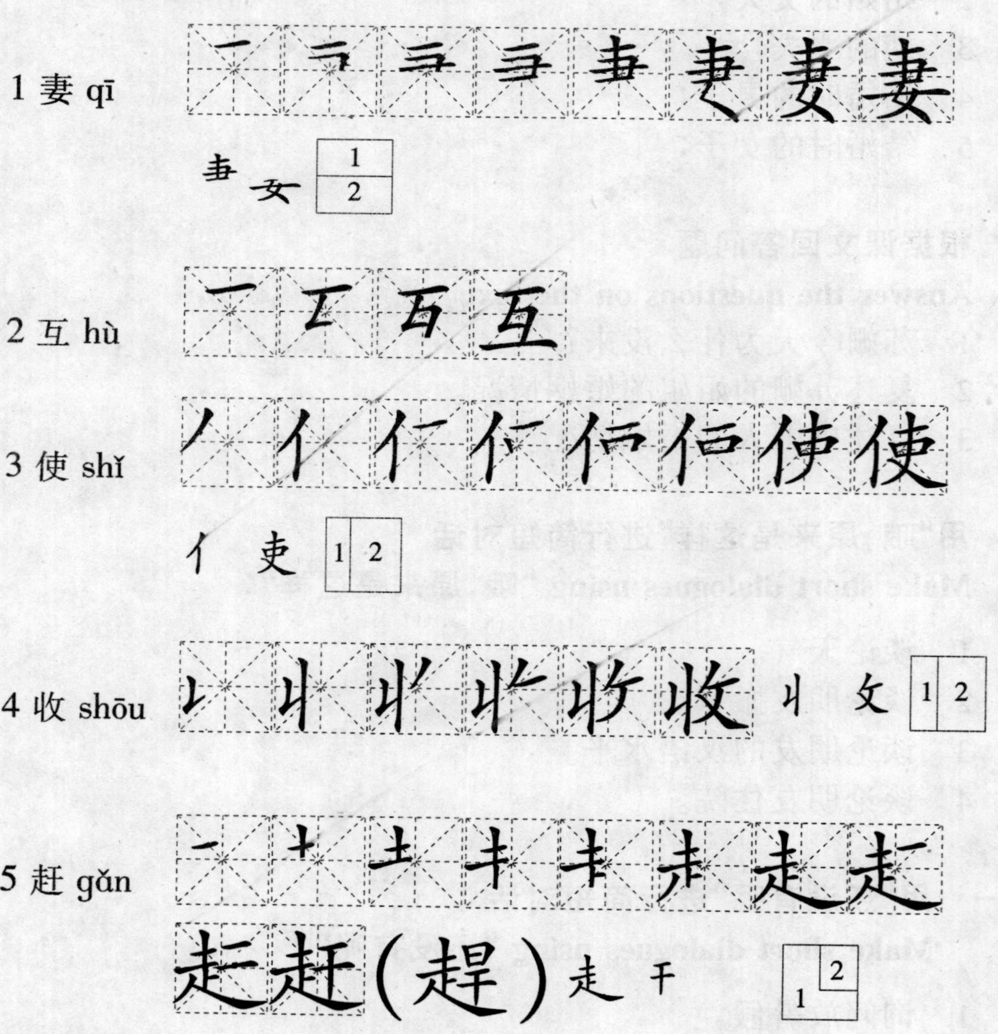

1 妻 qī

2 互 hù

3 使 shǐ

4 收 shōu

5 赶 gǎn

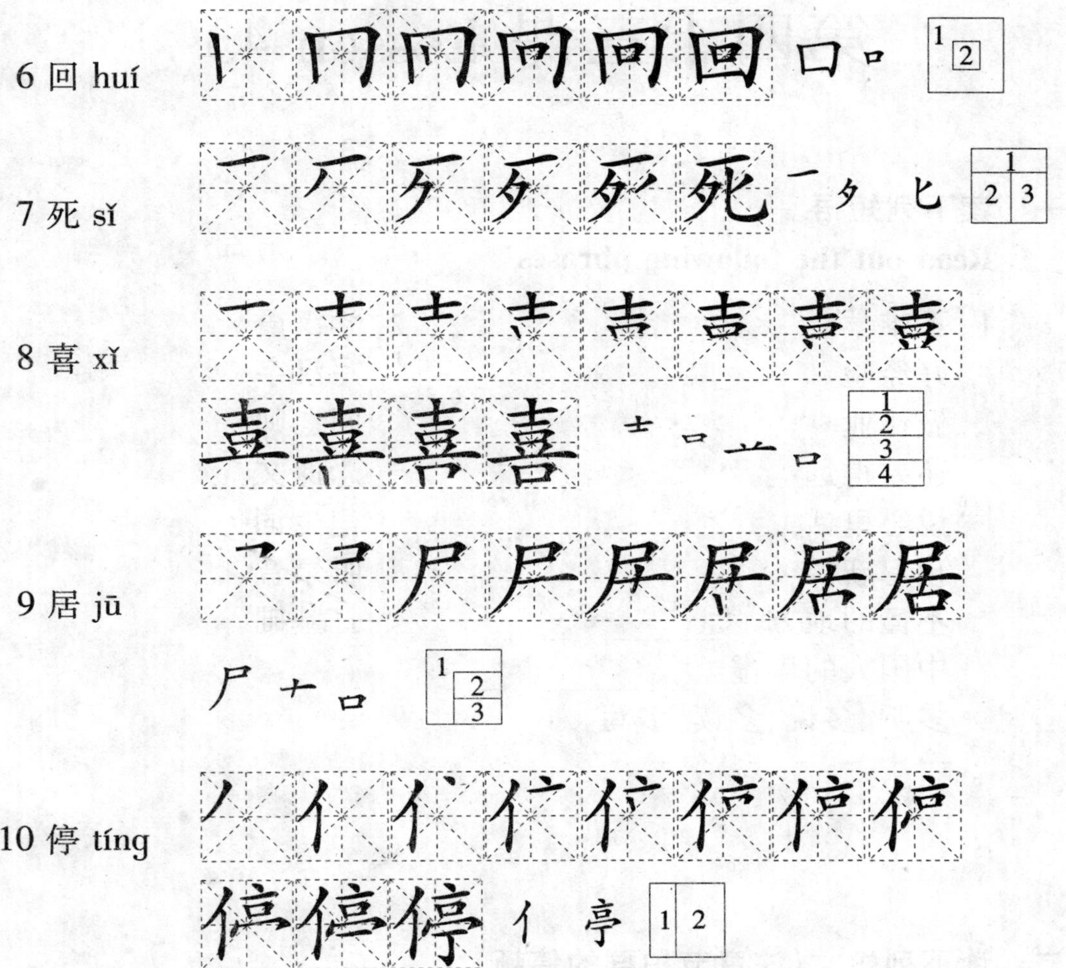

附 **Supplement:**

走 走字底 zǒuzìdǐ

第四十三课 Lesson 43

一 读下列短语

Read out the following phrases:

1 不难学 ˋ ˊ ˊ
好经验 ˇ ˉ ˋ
做作业 ˋ ˋ ˋ
还差得远 ˊ ˋ . ˇ
说心里话 ˉ ˉ · ˋ
预习新课 ˋ ˊ ˉ ˋ
不懂的地方 ˋ ˇ · ˋ .
中国人的谦虚 ˉ ˊ ˊ · ˉ ˉ
多听、多说、多读、多写
ˉ ˉ ˉ ˉ ˉ ˊ ˉ ˇ

2 学汉语
写汉字
问老师
念课文
记生词
听录音
打基础

二 读下列短文(注意节拍群的停顿)

Read out the following passage (pay attention to pauses for rhythm groups):

史迪文觉得'学习一门外语→,开始阶段'十分重要↘。基础'打好了→,有了'信心→,有了'兴趣→,以后'就好办了↘。他每次上课的时候'都非常认真地'听老师讲→,遇到不懂的地方'就问老师↘。每天早上'记生词→,念课文→,晚上'先把旧课'复习一下儿→,然后'做作业→、预习第二天的'生词和课文↘。有时间'就听录音→,写汉字↘。经过'一个学期的'努力→,他越学'越有信心→,越学'越有兴趣↘。他的汉语水平'提高得很快↘。

三 根据课文填动词

Fill in each of the blanks with a proper verb according to the text:

1 ____中国
2 ____语言
3 ____需要
4 ____基础
5 ____录音
6 ____生词
7 ____课文
8 ____旧课
9 ____新课
10 ____作业

四 用下列词语造"把"字句

Make "把" sentences with the following words:

例 E.g. 打基础

史迪文把汉语基础打好了。

交电费

写汉字

做作业

洗衣服

寄钱

吃汉堡包

听录音

五 用下列词语与“不仅…而且…”造句

Make sentences with “不仅…而且…” and the following words:

例 E.g. 硕士 博士

他不仅要读硕士,而且要读博士。

1 汉语 汉字

2 雨 大风

3 汉语 英语

4 口试 笔试

5 学习汉语 了解中国

6 好吃 好看

六 用下列词语与“越来越…”造句

Make sentences with “越来越…” and the following words:

例 E.g. 难 课文越来越难了。

1 冷

2 漂亮

3 流利

4 喜欢唱通俗歌曲

5 适应这儿的气候

6 多

七 用下列词语与"越…越…"造句

Make sentences with "越…越…" using the following words:

例 E.g. 学 兴趣 我越学越有兴趣。

1 说 快

2 说 流利

3 找 着急

4 吃 爱吃

5 想 高兴

6 看 喜欢

八 指出下列句子的含义

Point out the implied meaning in each of the following sentences:

例 E.g. 我以为他是中国人呢。(他不是中国人。)

1 妈妈以为我晚上有事儿。

2 丁文月以为明天没有课。

3 他以为那个书包是林达的。

4 老师以为田中平病了。

5 我们以为他认识马教授。

6 大家以为张力没搬家。

九 把下列"把"字句改写成非"把"字句

Turn the following "把" sentences into those without"把":

例 E.g. 他把信写完了。
他写完信了。

1 他把书还了。

2 他把邮政编码写错了。

3 他把他的住址告诉我们了。

4 她把我的自行车骑走了。

十 选择正确的位置

Decide which (*A*, *B*, *C*, *D*) is the right position for the word given in each of the sentences:

1 *A* 他 *B* 把饺子 *C* 吃完。 没
2 *A* 她 *B* 把小狗 *C* 带来。 没
3 *A* 丁文月 *B* 把朋友 *C* 都请来 *D* 吃饺子。 想
4 *A* 他 *B* 把书 *C* 还了。 要
5 *A* 她 *B* 把电话号码 *C* 写下了 *D*。 也
6 *A* 王小姐 *B* 觉得汉语不 *C* 学 *D*。 好

十一 给下列词语注音

Spell out the phonetics for the following words:

1 认真　　5 心里
2 一直　　6 必须
3 语音　　7 复杂
4 语言　　8 夏天

十二　根据拼音写出词语
Write out the characters according to the phonetics:

1 shōuhuò　　5 yǔyán
2 shuōhuà　　6 yīyuàn
3 yǐwéi　　7 zhēnzhèng
4 yīnwèi　　8 xìnxīn

十三　根据提示组词并注音
Form words with the characters given and spell out their phonetics:

1 语　语____
　　语____
　　____语
　　____语
　　____语

2 习　习____
　　习____
　　____习
　　____习
　　____习

十四　根据课文回答问题
Answer the questions according to the text:

1 史迪文觉得他自己的汉语水平怎么样?
2 复述史迪文的学习经验。

十五　用"说心里话"进行简短对话
Make short dialogues using "说心里话":

1 谈暑假打算
2 看电视

十六 用“特别”进行简短对话
Make short dialogues using “特别”:

1 谈论个人爱好
2 谈论中国菜
3 谈论学汉语

十七 你觉得学汉语时什么难学？什么不难学？为什么？
What do you find is easy as well as difficult in learning Chinese? Why?

十八 谈谈自己学汉语的方法并写成短文
Talk about how you study Chinese and write a short passage about it.

十九 学写汉字
Learn to write the characters:

1 必 bì
2 力 lì
3 获 huò

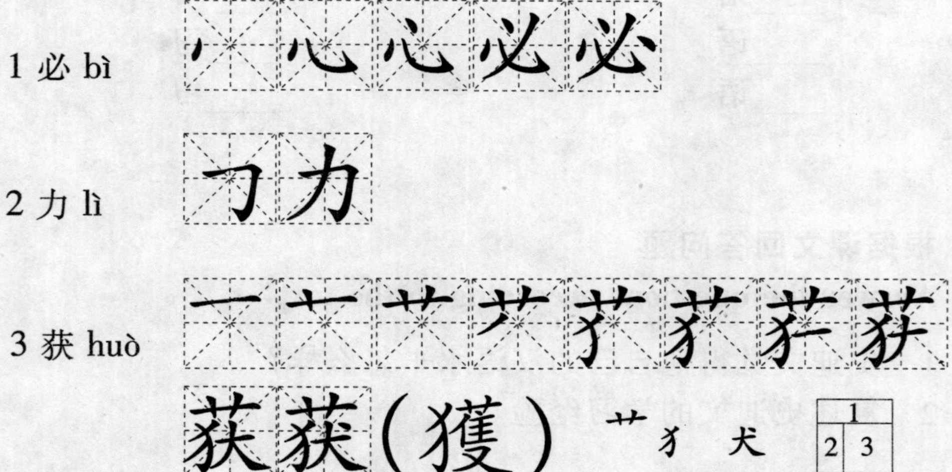

4 仅 jǐn

5 虚 xū

6 满 mǎn

7 阶 jiē

8 遇 yù

9 越 yuè

10 谢 xiè

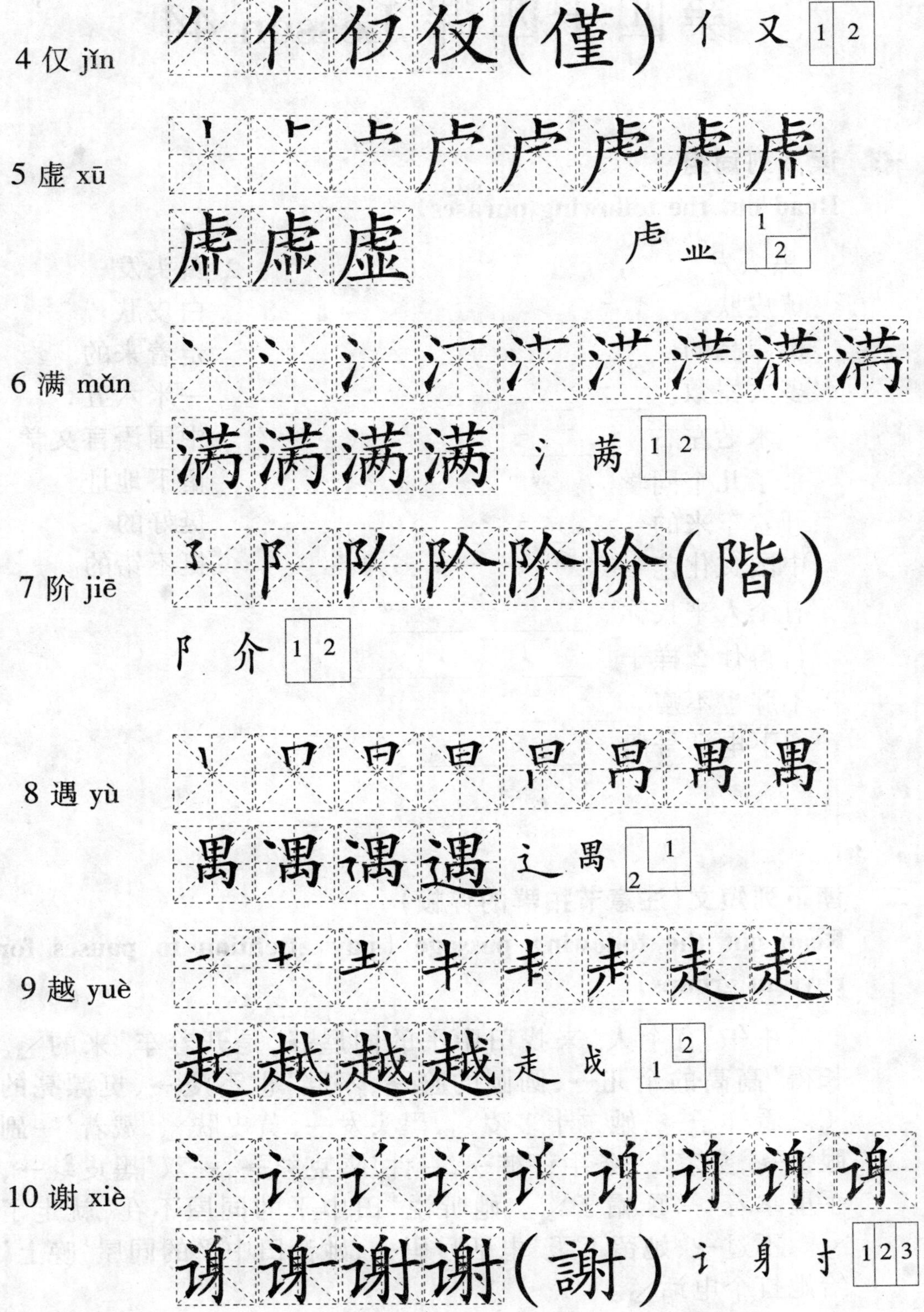

第四十四课 Lesson 44

一　读下列词组

Read out the following phrases:

1 黑头发
黑头发
黄皮肤
挺漂亮的
多大岁数
一米七左右
来了几个同学
开着车来的
中国文化艺术
有个人来找你
长得什么样子
不胖也不瘦
留下电话号码

2 黄头发
白皮肤
走着来的
一米六五
中国语言文学
留下地址
挺好的
挺不错的

二　读下列短文(注意节拍群的停顿)

Read out the following passage (pay attention to pauses for rhythm groups):

中午'有个人'来找田中平的同屋→,是开着车'来的↘。长得'高高的个儿→,圆圆的脸→,不胖'也不瘦→,挺漂亮的↘。看样子→,她二十多岁↘,黑头发→,黄皮肤↘,戴着'一副眼镜→,穿着'一条牛仔裤→,一件'夹克衫→,一双'黑皮鞋→,手里拿着'一顶帽子↘。她听说'田中平的同屋不在'就走了↘。不过→,她留下了'电话号码→,她让田中平的同屋'晚上'给她打个电话↘。

三 根据课文，选择适当的量词填空

Choose a proper measure word for each of the blanks according to the text:

辆 条 件 副 双 个

1 一____夹克衫　　4 一____皮鞋
2 一____新车　　5 一____眼镜
3 一____讲座　　6 一____牛仔裤

四 用下列词语造带动态助词"着"的句子

Make sentences with the aspect particle "着", using the following words:

例 E.g.　开灯　客厅里开着灯。

1 下雨

2 听音乐

3 上课

4 穿一双中国皮鞋

五 用下列动词与"正…着…呢"造句

Make sentences with "正…着…呢", using the following verbs:

例 E.g.　打　爸爸正打着电话呢。

1 看

2 做

3 听

4 睡

六 用下列词语与动态助词“着”造句

Make sentences with the aspect particle “着”, using the following words:

例 E.g. 开车 进城 丁文月开着车进城了。

1 看电视 上课

2 唱歌 洗衣服

3 喝咖啡 看报纸

4 听音乐 写信

5 穿裙子 上课

6 带小狗 散步

七 用下列词语与“也…也…”造句

Make sentences with “也…也…”, using the following words:

例 E.g. 弟弟 妹妹 我也有弟弟,也有妹妹。

1 还书 借书

2 打网球 踢足球

3 中国朋友 美国朋友

4 唱歌 跳舞

八 用下列词语与"一…就…"造句

Make sentences with "一…就…", using the following words:

例 E.g. 下课 回家 他一下课就回家。

1 到中国 打电话

2 回家 看电视

3 不舒服 休息

4 有时间 听音乐

5 放暑假 打工

6 感冒 发烧

九 用合适的词替换画线部分的词语

Replace the underlined words with appropriate ones:

我们班有四个女人,两个男人,我们的汉语老师是个女人,看起来,三十多岁。

十 根据课文回答问题

Answer the questions on the text:

1 来人为什么没找着田中平的同屋?

2 描述这位来客的长相

十一　看图描述长相

Describe the features of the people in the pictures:

十二　描述你的一位朋友的外貌并写成短文

Describe the features of one of your friends and write a short passage about it.

十三　描述你的一位家庭成员

Describe one of your family members.

十四　描述你的一位老师

Describe one of your teachers.

十五　学写汉字

Learn to write the characters:

1 着 zhe

2 窗 chuāng

3 圆 yuán

4 脸 liǎn

5 瘦 shòu

6 黄 huáng

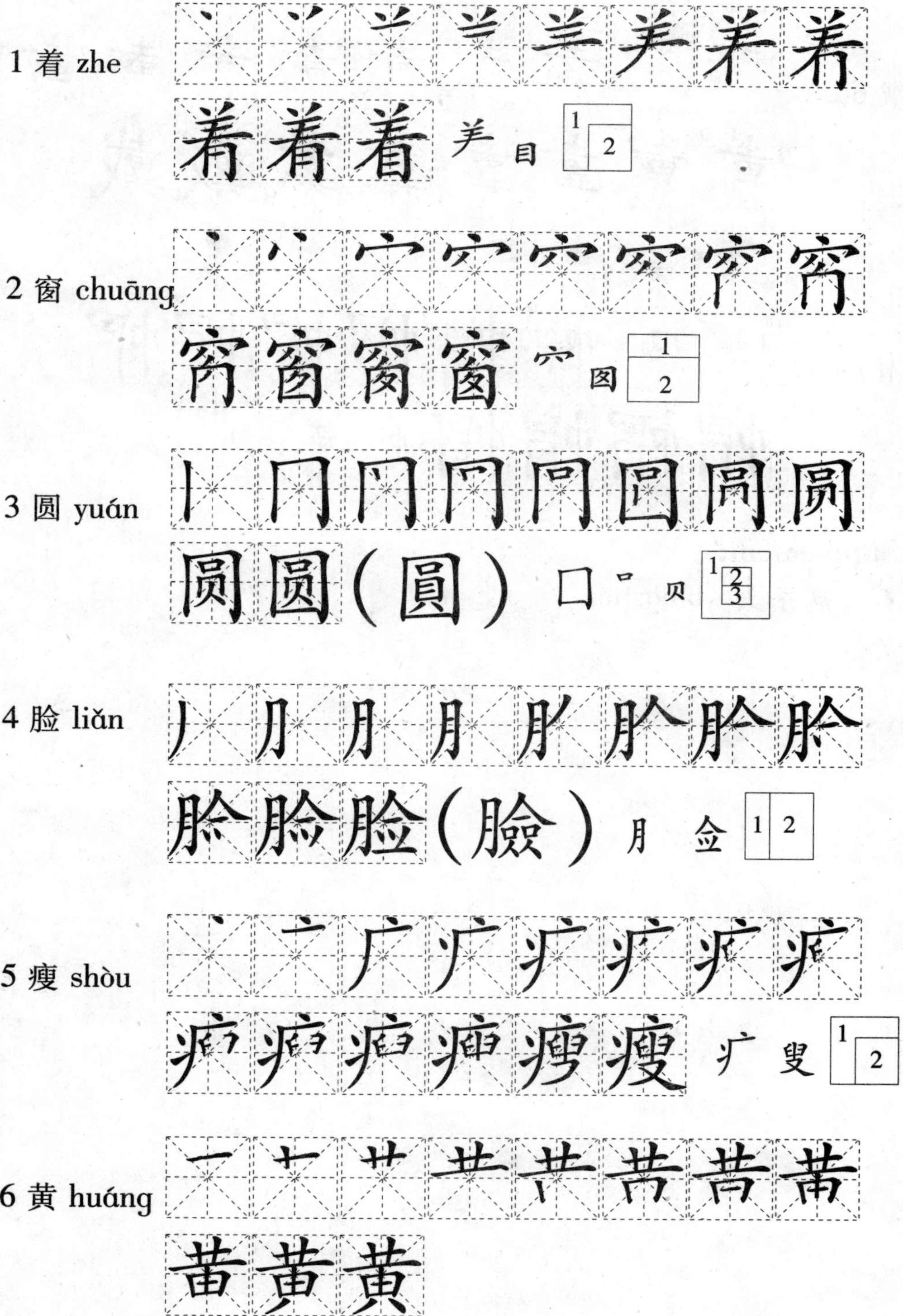

7 戴 dài

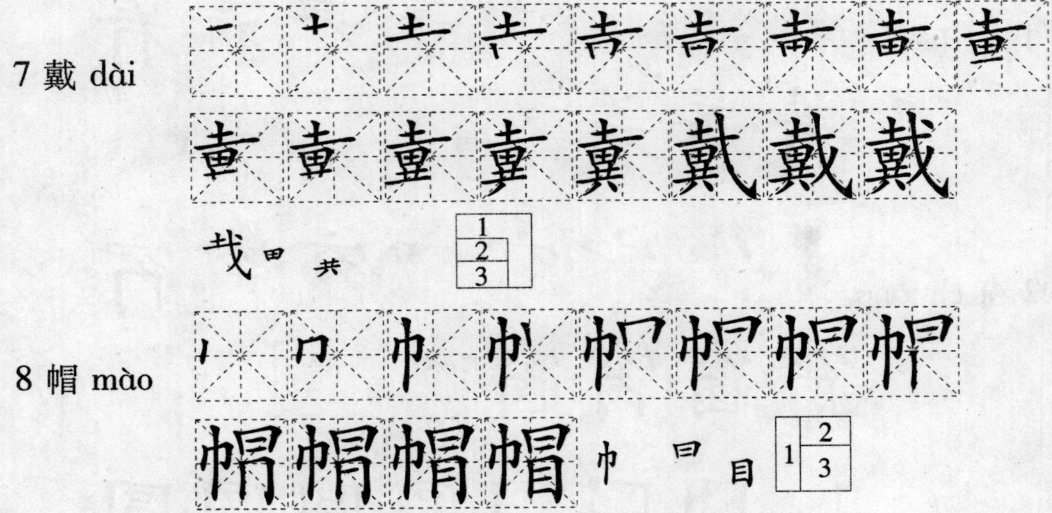

8 帽 mào

附 **Supplement:**

疒 病字头 bìngzìtóu

第四十五课 Lesson 45

一 读下列短语

Read out the following phrases:

1 别提了 ˊ ˊ ·
火车站 ˪ - ˋ
都八点了 - - ˪ ·
太倒霉了 ˋ ˪ ˊ ·
怎么搞的 ˪ · ˪ ·
服务态度 ˊ ˋ ˋ ˋ
公共汽车 - ˋ ˋ -
无轨电车 ˊ ˪ ˋ -
国际航线 ˊ ˋ ˊ ˋ
交通事故 - - ˋ ˋ
出什么事了 - ˊ · ˋ ·
遵守交通规则 - ˇ - - - -

2 都十点了
汽车站
地铁站
有轨电车
交通警察
小学同学
中学同学
大学同学

二 读下列短文(注意节拍群的停顿)

Read out the following passage (pay attention to pauses for rhythm groups):

这个城市的’公共交通→,应该说’还是’比较方便的↘。全市’有八十多路’公共汽车→,还有无轨电车’和地铁↘。除了这些’以外→,出租汽车’也很多→,服务态度’也不错↘。坐火车’也挺方便→,火车站’就在中国城’南边→,离这儿’大概有’十公里↘。火车’可以直达’首都’和全国’十几个’大城市↘。飞机’有八条’国内航线→,两条’国际航线↘。

三 组词成句

Rearrange the order of the words in each of the groups so as to form a sensible sentence:

1 打开 被 窗户 没。
2 被 那本书 没 人 借走。
3 发现 问题 没 还 被。
4 花完 钱 被 没。

四 根据拼音写出百分数

Write out the percentages according to the phonetics:

例 E.g. bǎifēnzhī yī:百分之一 1%

1 bǎifēnzhī wǔ:
2 bǎifēnzhī wǔshí:
3 bǎifēnzhī shí:
4 bǎifēnzhī liùshí:
5 bǎifēnzhī èr:
6 bǎifēnzhī qīshí:
7 bǎifēnzhī jiǔshíwǔ:
8 bǎifēnzhī bāshí:

五 用下列词语与介词"被"造带有施事者的被动句

Make passive sentences that contain performers with the preposition "被", using the following words:

例 E.g. 她 叫走 她被警察叫走了。

1 鱼 吃

2 美元 拿

3 自行车 骑

4 照相机 借

5 她的申请 批准

六 用下列词语与介词“被”造不带施事者的被动句

Make passive sentences that do not contain performers with the preposition “被” using the following words:

例 E.g. 护照 忘 我的护照被忘在家里了。

1 客人 罚钱

2 门 开

3 问题 发现

4 词典 找

5 孩子 撞

七 用下列词语造句

Make sentences with the following words:

1 才
2 搞
3 有些
4 …分之…
5 以上
6 跟…有关

八 选择正确的位置

Decide which (*A*, *B*, *C*, *D*) is the right position for the word given in each of the sentences:

1 *A* 小狗 *B* 被妹妹 *C* 带 *D* 走。 没
2 *A* 我的车 *B* 被妈妈 *C* 开 *D* 走。没
3 *A* 酒 *B* 被他 *C* 喝 *D* 完。 没
4 *A* 李天明 *B* 被 *C* 撞倒 *D*。 没
5 *A* 电视 *B* 被 *C* 修 *D* 好。 没

九 划出下面一段话中"都"的两种用法(用 — 表示全部的意思,用~~~~~ 表示已经的意思)

The word "都" can mean "all" or "already". Distinguish the different usages of "都" in the following sentences. Underline a "都" if it means "all" or a curve if it means "already".

都七点了,爸爸怎么还不回来?全家人都等着他吃饭呢。爷爷都有点着急了。

十 根据拼音写出汉字

Write out the characters according to the phonetics:

1 fāxiàn
2 fáqián
3 yǐshàng
4 yǐxià
5 shìgù
6 gùshi
7 bèi dǎ kāi
8 bié dǎ kāi

十一 给下列词语注音

Spell out the phonetics for the following words:

1 系安全带
2 联系
3 都来了
4 首都
5 往前走
6 注意
7 住址
8 无

十二 根据课文回答问题

Answer the questions on the text:

1 丁文月的表姐被谁罚了？为什么？
2 复述这个城市的交通情况
3 丁文月的一个中学同学去年冬天怎么了？

十三 用"别提了"进行简短对话

Make short dialogues using"别提了":

1 谈论买飞机票
2 谈论考试情况
3 谈论一场足球比赛
4 谈论去机场接朋友

十四 用"太倒霉"或"真倒霉"进行简短对话

Make short dialogues using"太倒霉" or "真倒霉":

1 丢了钱包
2 丢了书包
3 签证没批准
4 朋友被汽车撞成重伤

十五 谈谈你熟悉的一座城市的公共交通情况并写成短文

Talk about the public transport of a city you know well and write a short passage about it.

十六 学写汉字

Learn to write the characters:

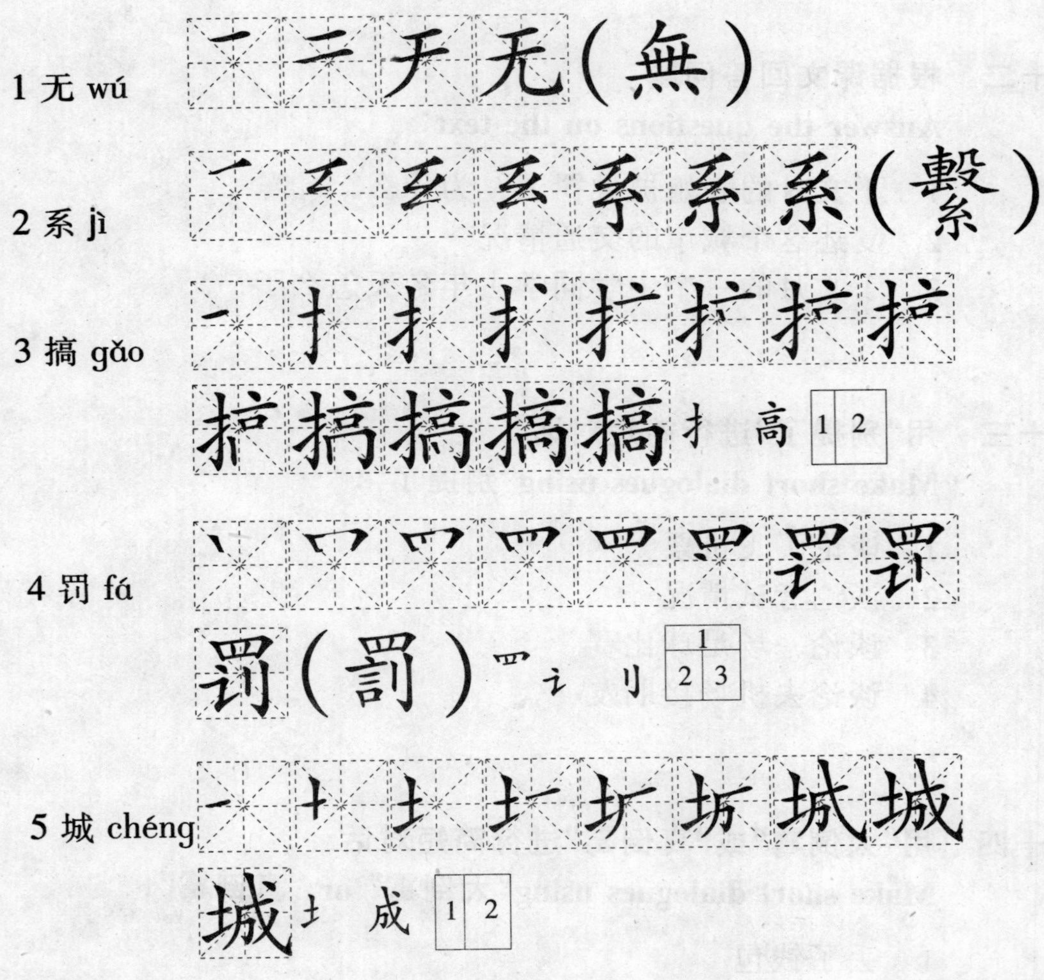

1 无 wú
2 系 jì
3 搞 gǎo
4 罚 fá
5 城 chéng

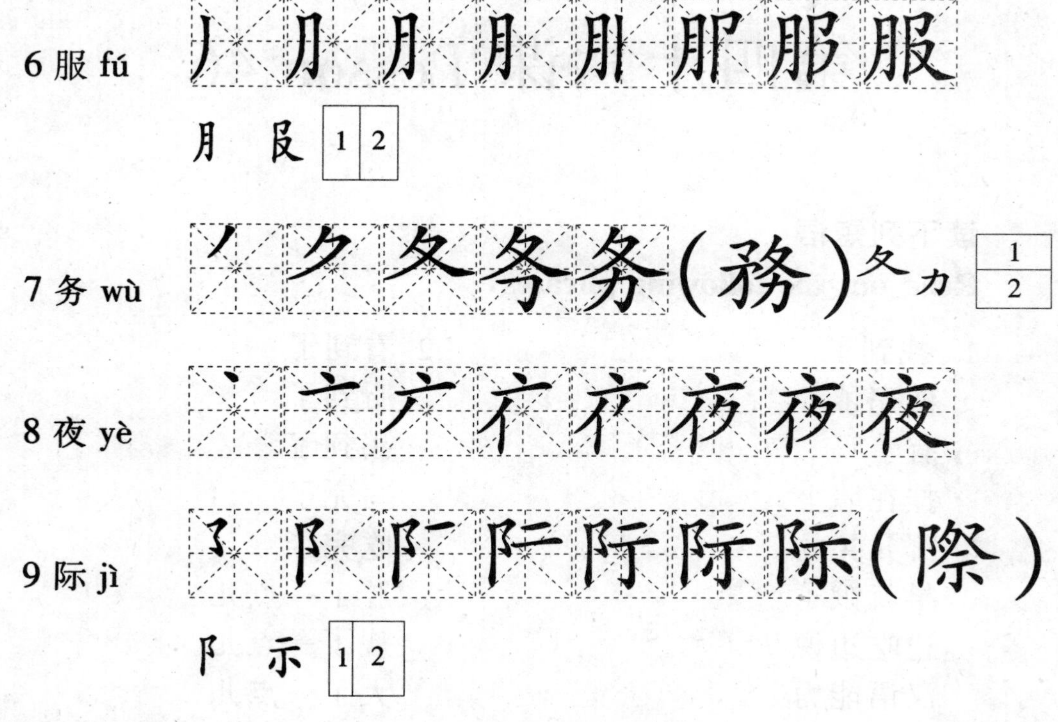

附 **Supplement**

罒 四字头 rìzìtóu

第四十六课 Lesson 46

一 **读下列短语**

Read out the following phrases:

1		2
找到了	ˇ ˋ ˙	看到了
做完了	ˋ ˊ ˙	听到了
有事吗	ˇ ˋ ˙	买到了
挂在墙上	ˋ ˋ ˊ ˙	写完了
哪儿买的	ˇ ˇ ˙	吃完了
早就饿了	ˇ ˋ ˋ ˙	胖了一点儿
边吃边说	ˉ ˉ ˉ ˉ	瘦了一点儿
汉语能力	ˋ ˇ ˊ ˋ	大了一点儿
下个月初	ˋ ˋ ˋ ˉ	边听边写
高了一点儿	ˉ ˙ ˉ ˇ	边唱边跳
跟真的一样	ˉ ˉ ˙ ˊ ˋ	上个月初
计算机技术	ˋ ˋ ˉ ˋ ˋ	

二 **读下列短文(注意节拍群的停顿)**

Read out the following passage (pay attention to pauses for rhythm groups):

丁文月的哥哥'觉得自己的汉语'很不错↘。听的能力'和阅读能力'很强→,只要没有'太重的口音'都能听懂↘。报纸杂志上的'文章→,百分之九十五以上'都能看懂↘。日常生活口语'当然没有问题↘,专业性很强的'内容→,表达'有些困难↘。写的方面→,能满足'一般函电、便条、合同的'需要↘,翻译水平'也不错↘。

三 根据课文内容，选择下列合适的动词填空

Choose a proper verb below for each of the blanks according to the text:

做　　找　　满足　　翻译　　接受　　开

1 ____玩笑　　　　4 ____聘请
2 ____铅笔　　　　5 ____需要
3 ____文章　　　　6 ____作业

四 用下列词语造意义上的被动句

Make notional passive sentences with the following words:

例 E.g.　作业　作业做完了。

1 布鞋
2 衣服
3 生日礼物
4 铅笔
5 马路
6 口试
7 工作
8 电话费

五 用副词"都"或"就"完成下列句子

Complete the following sentences, using the adverb "都" or "就":

例 E.g.　只要没有太重的口音，我都能听懂。

1 只要不生病，________________。

2 只要有兴趣，________________。

3 只要你写申请，________________。

4 只要专业性不太强的文章，________________。

5 只要好好准备，________________。

6 只要是朋友送的礼物，________________。

六 用"多么…啊"完成下列句子

Complete the following sentences, using "多么…啊":

例 E.g. 这个展览 这个展览多么有意思啊！

1 你们的校园
2 他的汉语
3 妈妈做的饭
4 时间过得
5 不遵守交通规则

七 给下列词(语)注音

Write out the phonetics for the words below:

1 便宜
2 便条
3 屋子
4 房子
5 太重
6 量体温
7 铅笔
8 签证

八 根据提示组词并注音

Form words with the characters given and spell out their phonetics:

1 ____机
____机
____机
2 ____术
____术
3 发____
发____
发____
4 同____
同____
____同

九 回答下列问题

Answer the following questions:

1 "饱""饿"相同的部位是什么？为什么？
2 "早""晚"相同的部位是什么？为什么？
3 "吃""喝"相同的部位是什么？为什么？
4 "说""讲""话"相同的部位是什么？为什么？

十 根据课文填写合适的汉字

Fill in each of the blanks with an appropriate character according to the text:

上午他忙完工__，简单吃了____就急忙赶去____试了。这次面试____要是了____汉语____力。

十一 根据课文回答问题

Answer the questions on the text:

1 那张画是谁的？谁画的？画的是什么？
2 他们准备把它挂在哪儿？

3 丁文月的哥哥为什么要吃点心？
4 丁文月的哥哥的面试情况怎么样？
5 丁文月觉得她哥哥说的情况怎么样？

十二 用“接着”叙述

Say something on the following topics, using “接着”:

1 买东西
2 在邮局
3 参观校园
4 上课
5 周末安排

十三 互相询问汉语能力

Ask questions about one's Chinese aptitude.

十四 叙述他人的汉语能力

Say something about other people's Chinese aptitude.

十五 说明自己的汉语能力并写成短文

Talk about your own Chinese aptitude and write a short essay about it.

十六 学写汉字

Learn to write the characters:

1 匹 pǐ

2 挂 guà

3 墙 qiáng

4 低 dī

5 部 bù

6 强 qiáng

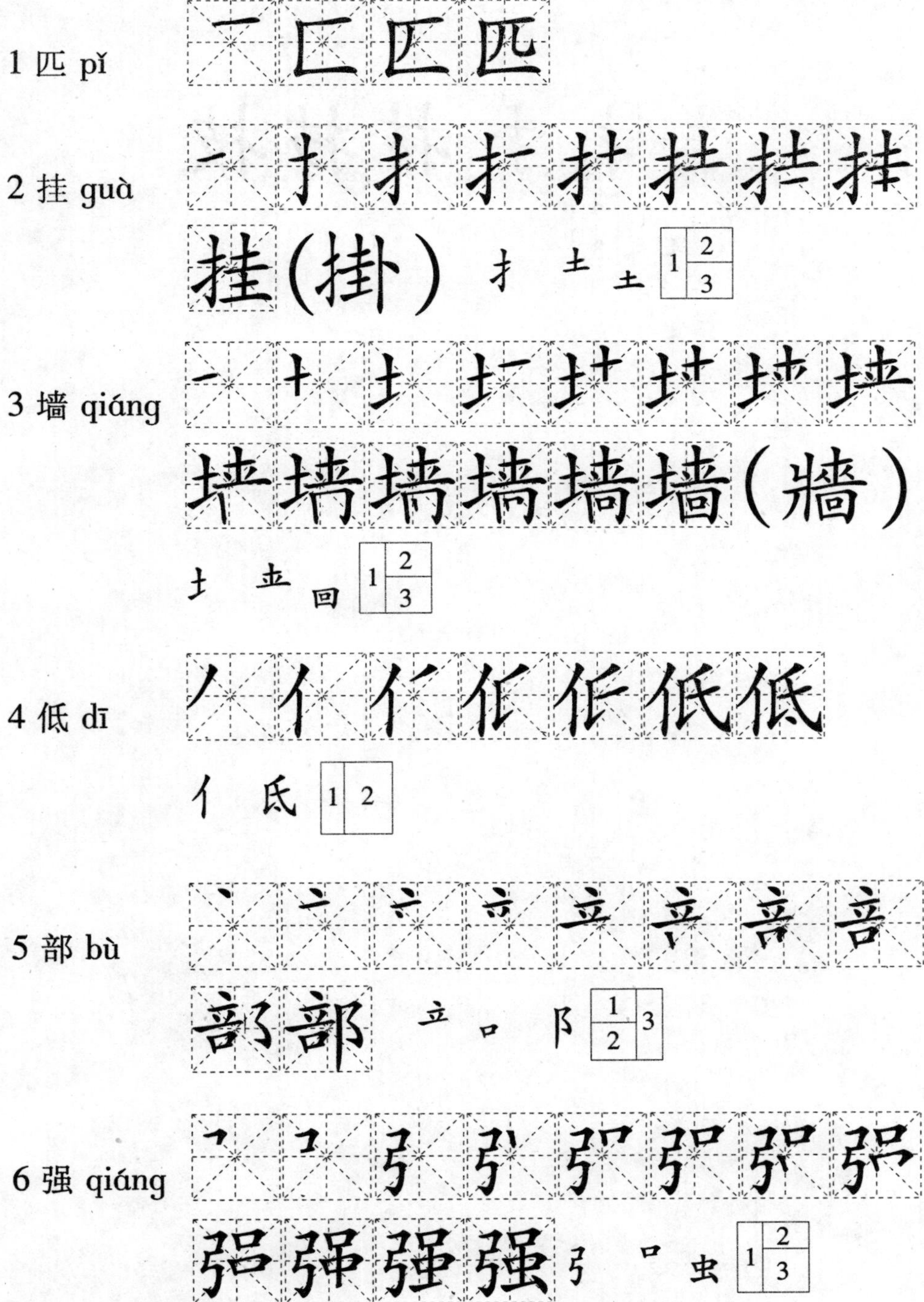

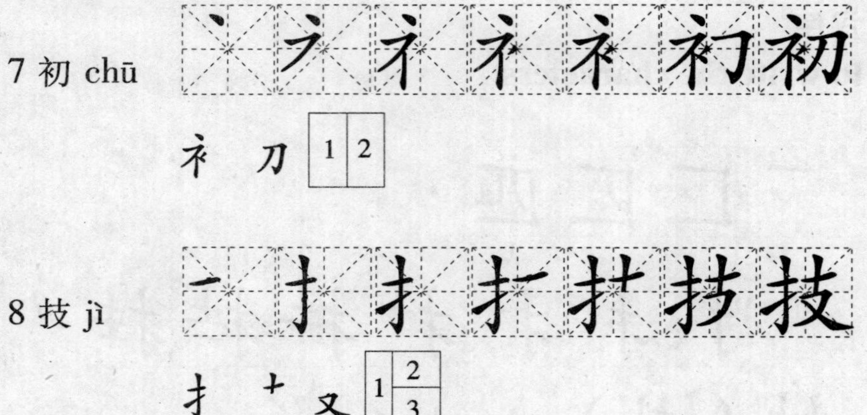

7 初 chū

8 技 jì

第四十七课 Lesson 47

一　读下列短语

Read out the following phrases:

1 好几天
圣诞节
用得完
过春节
早点儿寄
入乡随俗
传统节日
怎么说呢
除夕晚上
送旧迎新
文艺节目

2 好几年
好几个月
好几个星期
写得完
吃得完
看得完
早点儿去
早点儿回来
晚点儿去
快点儿回来

二　读下列短文（注意节拍群的停顿）

Read out the following passage (pay attention to pauses for rhythm groups):

春节'是中国'最重要的'传统节日→，世界各国的华人'都有过春节的'习惯↘。中国人过春节的'主要活动有→：除夕晚上'吃年夜饭→、守岁→、送旧迎新→、贴春联→、放鞭炮→、包饺子→、做年糕→、亲戚朋友'互相拜年↘，非常热闹↘。现在'除夕晚上'还有一个'重要活动→，就是'看电视台的'春节文艺节目↘。

三 根据课文内容选择下列适当的动词填空

Choose a proper verb below for each of the blanks according to the text:

过 装饰 吃 贴 放 包 做 拜 穿 戴

1 ____年夜饭
2 ____衣服
3 ____饺子
4 ____春联
5 ____春节
6 ____鞭炮
7 ____帽子
8 ____年
9 ____年糕
10 ____圣诞树

四 用下列词语造带可能补语的肯定式和否定式句子

Make affirmative and negative sentences with potential complements, using the following words:

例 E.g. 听见 我听得见他们说的话。
我听不见他们说的话。

1 写完

2 吃完

3 看见

4 找到

5 听懂

6 修好

7 打开

8 说清楚

9 买到

10 看懂

五 用"这就是说"完成句子

Complete the following sentences using"这就是说":

例 E.g. 中国有些大城市已经禁止春节放鞭炮,这就是说,在这些城市过春节已经听不到鞭炮声了。

1 她没有舅舅,这就是说,________________。
2 丁文月更喜欢听古典音乐,这就是说,________________。
3 我父母只有我一个孩子,这就是说,________________。
4 他现在的女朋友比原来的漂亮,这就是说,________________。
5 苏姗的姐姐又结婚了,这就是说,________________。
6 田中平已经适应了这儿的天气,这就是说,________________。
7 林达觉得这个电影还可以,这就是说,________________。
8 她现在爱吃沙拉了,这就是说,________________。

六 根据拼音写出汉字

Write out the characters according to the phonetics:

1	xíguàn	6	huār
2	xǐhuan	7	niángāo
3	shàngmiàn	8	miànbāo
4	xiàmiàn	9	tiē hǎo le
5	huárén	10	yuè dǐ

七 给下列词(语)注音

Spell out the phonetics for the following words:

1 各人　　5 人口
2 名人　　6 入口
3 详细　　7 着急
4 一样　　8 喝着茶

八 根据课文回答问题

Answer the questions on the text:

1 丁文月为什么买了很多圣诞卡?
2 复述过圣诞节的习俗。
3 复述过春节的习俗。

九 用“怎么说呢”进行简短对话

Make short dialogues on the following topics, using “怎么说呢”:

1 汉语难不难学
2 自己在哪儿长大
3 谈论一场电影
4 谈论暑假要打工

十 介绍你们国家的一个传统节日并写成短文(提示:应写清楚这个节日的时间,主要活动)

Say something about one of your national traditional holidays and write a short essay about it. Be sure to tell the date and chief activities of the holiday.

十一 学写汉字

Learn to write the characters:

1 各 gè

2 传 chuán

3 统 tǒng

4 特 tè

5 惯 guàn

6 守 shǒu

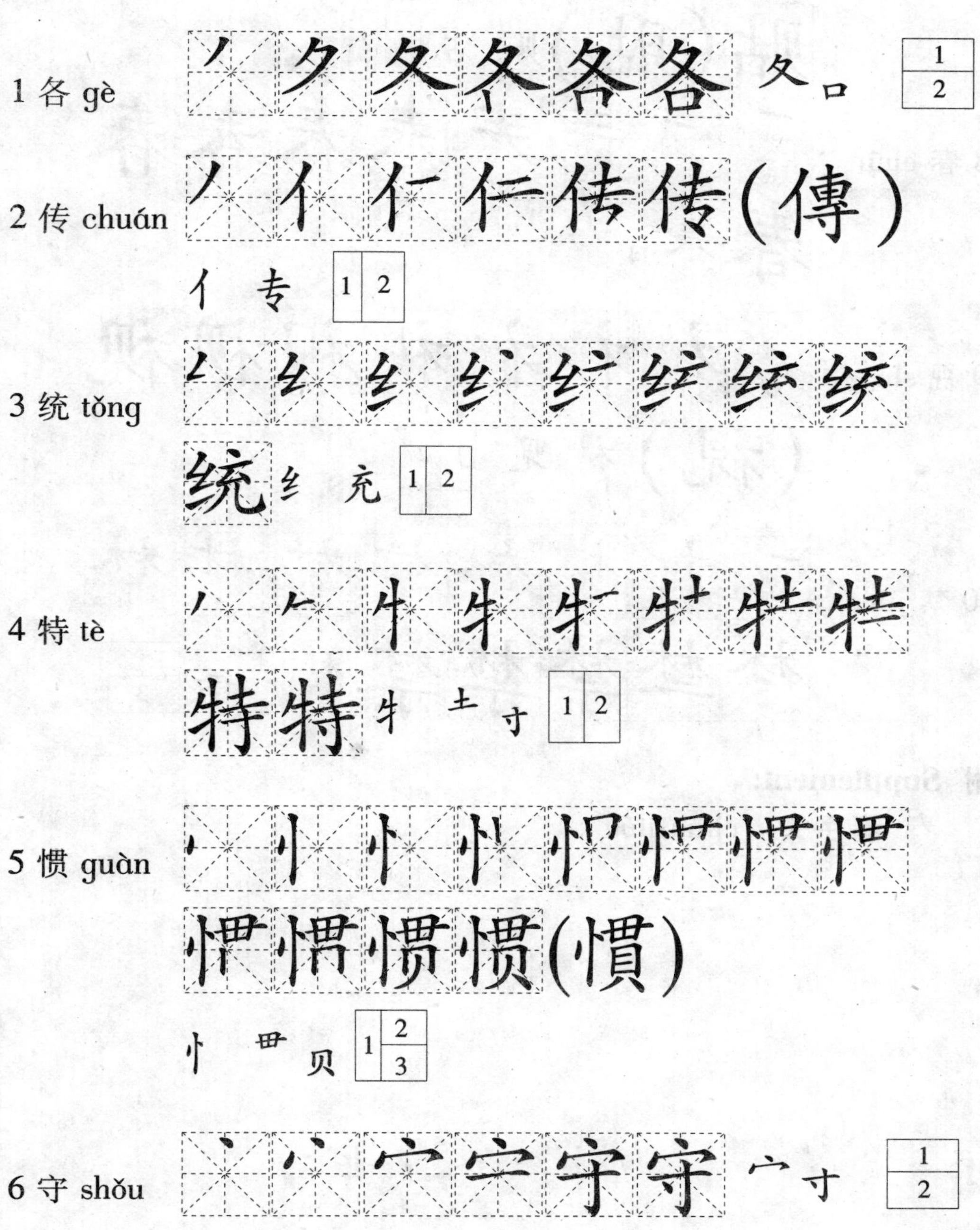

7 贴 tiē

8 春 chūn

9 视 shì

10 禁 jìn

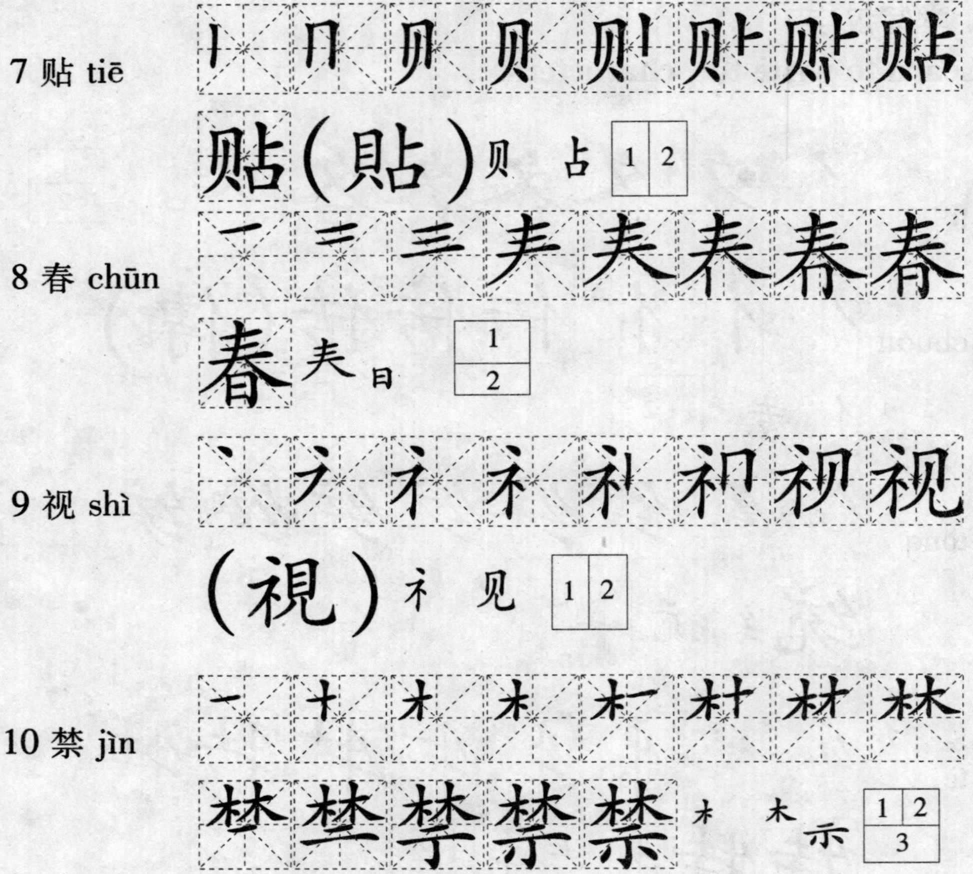

附 **Supplement:**

龶 春字头 chūnzìtóu

第四十八课 Lesson 48

一　读下列短语

Read out the following phrases:

1 复印件　ˋ ˋ ˋ
成绩单　ˊ ˉ ˉ
中国朋友　ˉ ˊ ˊ ·
毕业证书　ˋ ˋ ˋ ˉ
汉语水平　ˋ ˊ ˪ ˊ
课余时间　ˋ ˊ ˊ ˉ
用中文写　ˋ ˉ ˊ ˇ
经济担保书　ˉ ˋ ˉ ˪ ˉ
录取通知书　ˋ ˇ ˉ ˉ ˉ
外国留学生　ˋ ˊ ˊ ˊ ˉ
汉语水平考试　ˋ ˊ ˪ ˊ ˪ ˋ
申请到中国留学　ˉ ˇ ˋ ˉ ˊ ˊ ˊ

2 原件
日本朋友
美国朋友
外国朋友
汉语能力
业余时间
英语水平
外语水平

二　读下列短文(注意节拍群的停顿)

Read out the following passage (pay attention to pauses for rhythm groups):

申请’去中国留学→,首先’得给你去的学校’写封信→,要一份’申请表↘。然后’把填好的申请表’和自己的毕业证书→、成绩单→、经济担保书→、两封推荐信’一起寄给’那个学校↘,同时→,还要寄’护照的复印件↘。收到学校的’录取通知书’以后→,就可以’申请签证了↘。在中国’留学→,按规定→,课余时间’是不能打工的↘。

三 用下列词语造存现句

Use the following words to make sentences indicating existence:

例 E.g. 办公室 坐 办公室坐着好些人。

1 教室里 走

2 后面 开

3 花园里 跑

4 家里 来

5 头上 戴

6 墙上 挂

7 本子上 记

8 书包里 放

9 上午 开

10 昨天 来

四 用带疑问代词的词组完成下列句子

Complete the following sentences with phrases containing interrogative pronouns:

例 E.g. 你姐姐问你<u>什么时侯回家?</u>(什么)

1 他告诉我们________________。(怎么)

2 李老师教他们＿＿＿＿＿＿＿＿＿＿＿＿＿＿＿＿＿。（怎么）

3 大夫问李天明＿＿＿＿＿＿＿＿＿＿＿＿＿＿。（哪儿）

4 你应该告诉妈妈＿＿＿＿＿＿＿＿＿＿＿＿＿＿＿＿＿＿。（什么）

5 马教授想了解＿＿＿＿＿＿＿＿＿＿＿＿＿＿＿。（谁）

6 我想知道＿＿＿＿＿＿＿＿＿＿＿＿＿＿＿＿＿＿＿＿。（为什么）

五 用下列词语造句

Make sentences with the following words:

1 突然

2 赶快

3 按规定

4 花

5 不同

6 用汉语

六 选择正确的汉字

Choose the right character for each of the following phonetics given:

1 rèn *A* 任 *B* 住 *C* 往 2 cái *A* 林 *B* 材 *C* 村

3 guī *A* 规 *B* 现
4 shù *A* 数 *B* 楼
5 yú *A* 佘 *B* 余
6 jù *A* 包 *B* 旬 *C* 句
7 jiān *A* 间 *B* 问 *C* 闻

七 根据课文回答问题
Answer the questions on the text:

1 田中平想了解什么事?
2 丁文月为什么要去办公室?
3 怎样才能去中国留学?
4 什么是 HSK?
5 复述在中国留学的情况。

八 用"首先…,然后…,最后"叙述一件事
Give an account using"首先…,然后…,最后":

1 暑假的安排
2 在饭馆吃饭
3 上周末的活动

九 用表示列举的"啊"述说一种情况
Give your description with "啊" for listing:

1 班上同学的国籍
2 自己的爱好
3 自己家的亲戚
4 汉语难学的地方

十 用"加上"述说一种情况

Describe a circumstance or a matter, using "加上":

1 自己学习的课程
2 自己每个月要花多少钱
3 自己每天的时间安排
4 听不懂汉语的原因
5 看不懂中文报纸的原因

十一 说说怎么才能去你们国家留学并写成短文

Say something about how to go and study in your country and write a short essay about it.

十二 介绍你们学校(国家)外国留学生的一些学习生活情况(规定)

Say something about the studies and life of foreign students in your university (or country).

十三 学写汉字

Learn to write the characters:

1 首 shǒu

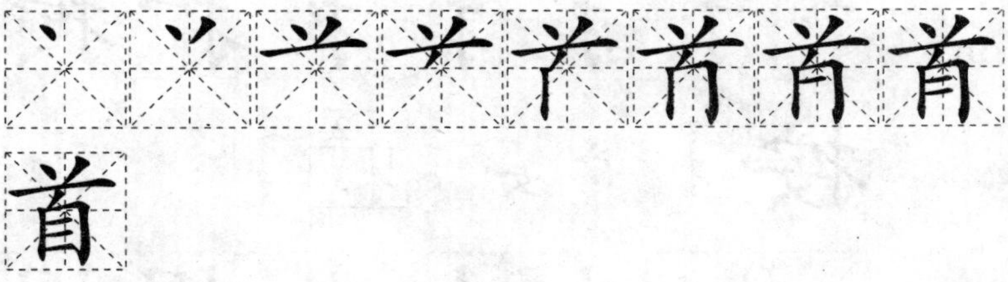

2 余 yú

3 录 lù

4 突 tū

5 缩 suō

6 按 àn

7 规 guī

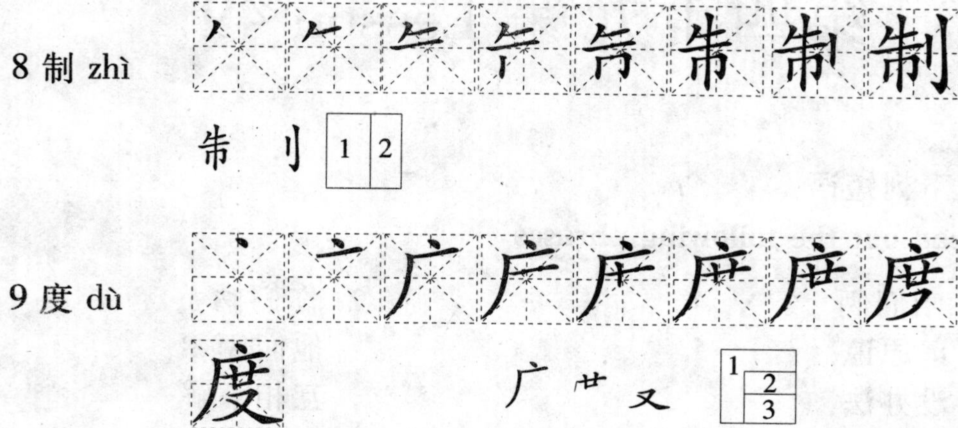
8 制 zhì
9 度 dù

第四十九课 Lesson 49

一　**读下列短语**

Read out the following phrases:

1 咱们俩 ˊ · ˇ
请原谅 ˇ ˊ ˋ
没办法 ˊ ˋ ˇ
互相认识 ˋ ˉ ˋ ·
去年寒假 ˋ ˊ ˊ ˋ
想起来了 ˊ ˇ ˊ ·
业余时间 ˋ ˊ ˊ ˉ
体育记者 ˇ ˋ ˋ ˇ
坚持学习 ˉ ˊ ˊ ˊ
公司秘书 ˉ ˉ ˋ ˉ
有点儿面熟 ˊ ˇ ˋ ˊ
世界杯体操比赛 ˋ ˋ ˉ ˇ ˉ ˇ ˋ

2 你们俩
他们俩
互相了解
互相理解
互相关心
互相帮助
明年寒假
去年暑假
今年寒假
新闻记者

二　**读下列短文(注意节拍群的停顿)**

Read out the following passage (pay attention to pauses for rhythm groups):

丁文海和罗杰'去年寒假→,在陈教授家的'一次宴会上'见过面↘。在那次宴会上→,丁文海'唱了一段'京剧→,表演得'很精彩↘。他现在'业余时间'还在搞'京剧研究→,陈教授希望他'能写几篇'介绍京剧的'文章↘。

后来→张力'告诉王云山→,他在路上'碰到了'他们俩的'一位'中学同学'朱丽娅→,朱丽娅'学完日语以后→,本来'想到一家日本公司'当秘书→,因为面试没通过'就在中学'教日语了↘。不过→,她不喜欢当'老师→,现在'她自己也感到'很失望↘。

三 用括号里的词语完成句子

Complete the following sentences with the words in brackets:

1 他从前是个小学老师，________________。（成）

2 今天我很早就到学校去，________________。（没想到）

3 因为没有被学校录取，________________。（感到）

4 你不是学过法语吗，________________。（怎么）

5 我现在工作很忙，________________。（不过）

6 丁文月本来想去中国留学，________________。（后来）

四 用“总是”与下列词语造句

Make sentences with “总是” using the following words:

例 E.g. 上课 她上课总是第一个到教室。

1 吃早饭

2 迟到

3 睡得很晚

4 考得不错

5 比赛

6 打电话

7 穿牛仔裤

8 散步

五 用下列词语造句

Make sentences with the following words:

1 本来

2 从前

3 原谅

4 失望

5 全部

6 睡不着

7 猜得着

8 通过

9 好像

10 想起来

六 根据拼音写出汉字

Write out the characters according to the phonetics:

1 jìxù

2 jìshù

3 chídào

4 zhīdao

5 yuánliàng
6 yuánjiàn
7 shīwàng
8 xīwàng

七 用下列汉字组词并注音

Form words with the characters given and spell out their phonetics：

1 自
2 咱
3 持
4 特
5 着
6 看
7 休
8 体
9 失
10 夫

八 根据课文回答问题

Answer the questions on the text：

1 丁文海和罗杰是怎么认识的？
2 张力为什么迟到了？

九 用"见笑，见笑"进行简短对话

Make short dialogues, using "见笑，见笑"：

1 夸你汉语说得流利
2 夸你汉字写得漂亮
3 夸你网球打得好
4 夸你的画儿画得好

十 用"是吗？不会吧"三人一组进行简短对话

Group work (3 students)：make short conversations, using "是吗？不会吧"：

1 谈论一位熟人

2　谈论一位朋友
3　谈论一位中学同学

十一　叙述自己一位中学同学现在的情况并写成短文

Describe the present situation of one of your high school classmates and write a short essay about him/her.

十二　学写汉字

Learn to write the characters:

1 熟 shóu

2 寒 hán

3 宴 yàn

4 剧 jù

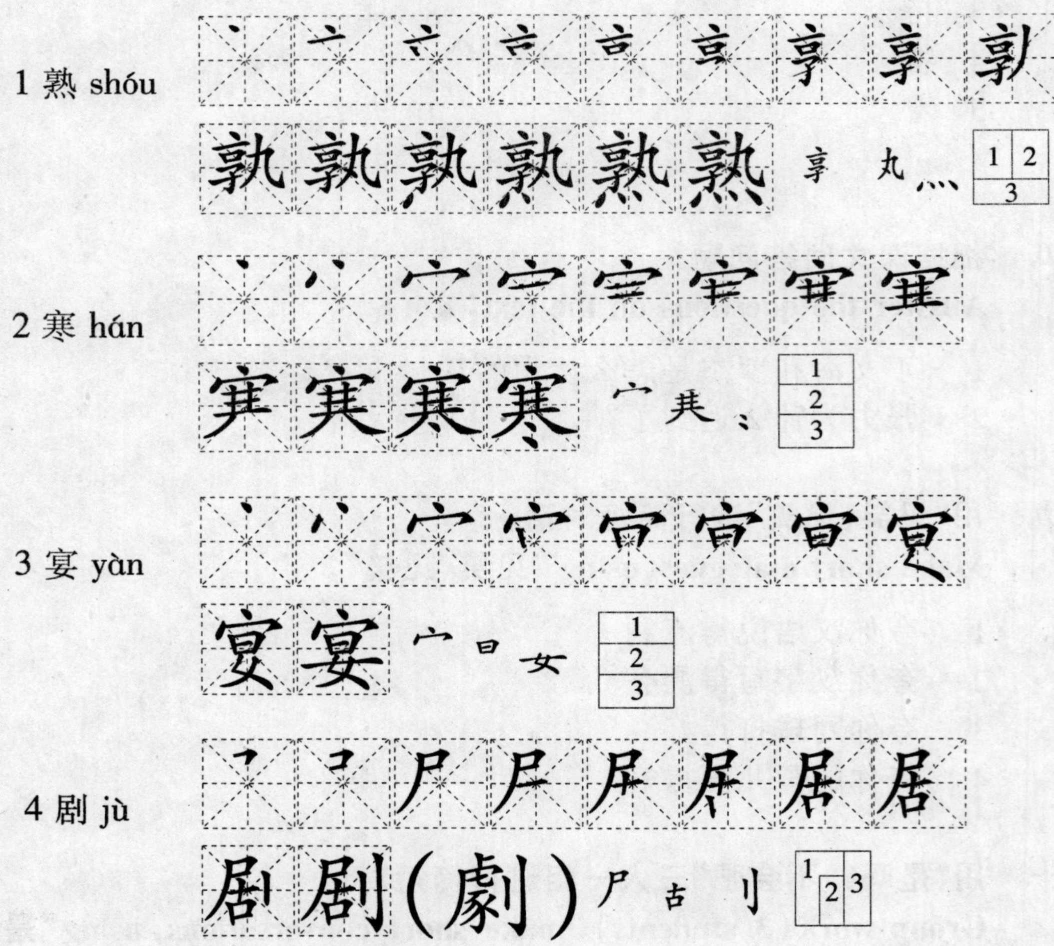

5 彩 cǎi

6 聊 liáo

7 鼓 gǔ

8 育 yù

9 谅 liàng

10 秘 mì

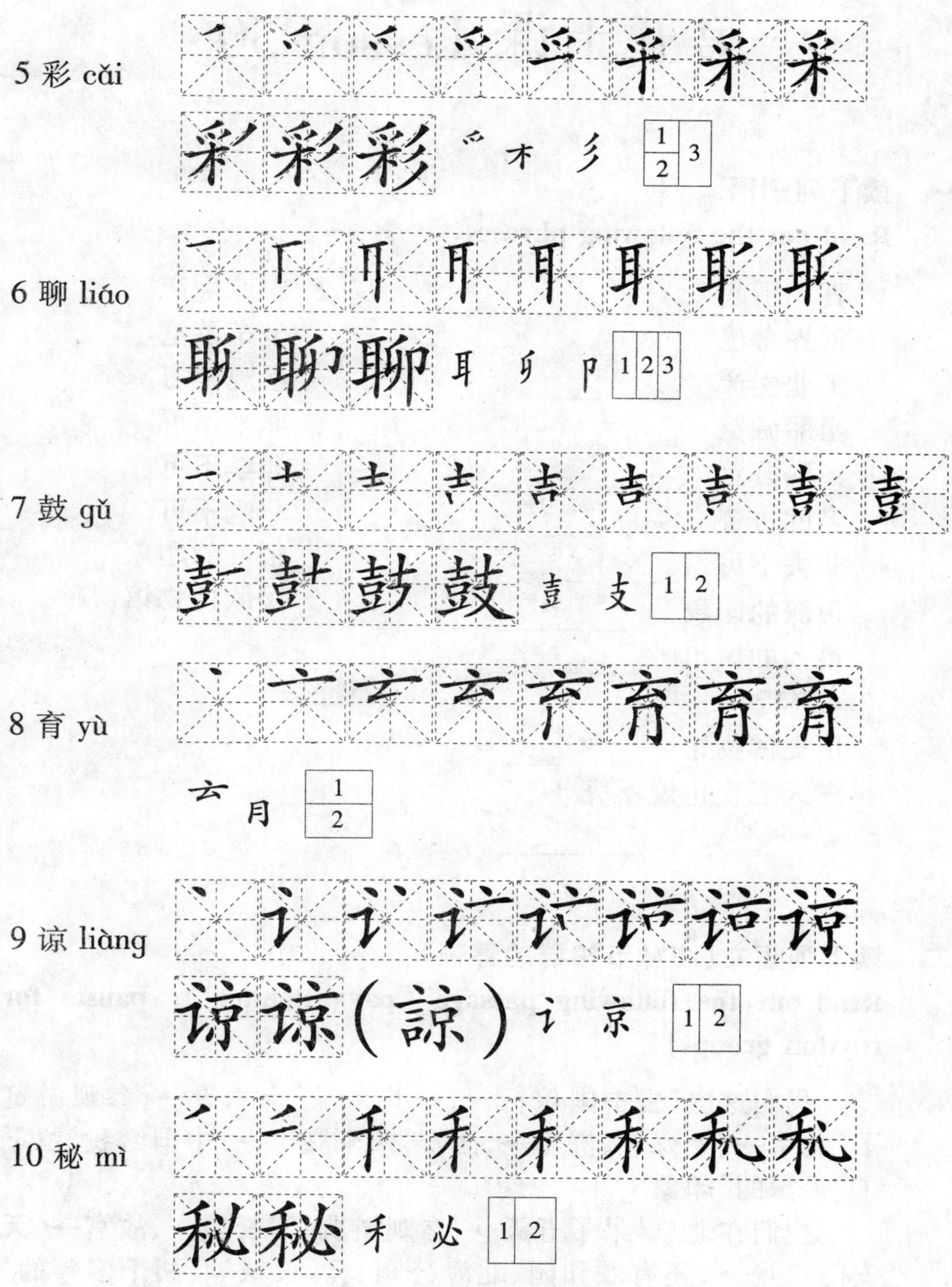

附 **Supplement:**

彡 三撇旁 sānpiěpáng

第五十课 Lesson 50

一　读下列短语

Read out the following phrases:

1 真了不起
世界奇迹
工业生产
坐船游览
参观游览
名胜古迹
非去不可
很深的印象
最大的城市
可不是嘛
历史博物馆
三天三夜也说不完

2 农业生产
坐车游览
参观学习
非来不可
非学不可
非吃不可
很好的印象
民族博物馆

二　读下列短文(注意节拍群的停顿)

Read out the following passage (pay attention to pauses for rhythm groups):

我们这次'去中国旅行→,一共呆了'十六天→,参观游览了'北京→、上海→、杭州→、西安'四个城市→,中国给我'留下了'很深的'印象↘。

我们在北京'呆了五天→,参观游览了'长城→、故宫→、天安门广场→,还有颐和园、北海公园↘。长城'有两千多年的'历史→,真了不起→,确实是'世界奇迹↘。上海'是中国'最大的城市→,有一千多万'人口→,这几年'经济发展得'很快↘。

杭州'是一个'很好的'旅游城市→,马路'很干净→,人们'很热情→,西湖的风景'美极了↘。西安'是中国有名的'古都→,名胜古迹'很多→,是一个'真正的'历史博物馆↘。

三 写出下列数字的读法

Write out the Chinese characters for the following figures or numbers:

例 E.g.　1809　一千八百零九

1 106
2 160
3 1 200
4 1 940
5 12 500
6 25 000
7 28 008
8 150 000
9 504 000
10 984 831
11 5 000 000
12 1 807 000
13 25 000 400
14 580 000 000
15 1 200 000 000

四 完成下列句子

Complete the following sentences:

例 E.g.　十是<u>五的两倍</u>。

1 九是______________。
2 十六是______________。

3 五十是________________。
4 八十一是__________________。
5 一百是____________________。
6 二的三倍是____________。
7 六的四倍是____________。
8 五十的三倍是____________。
9 八千的八倍是________________。
10 七十万的十倍是________________。

五 用下列词语与"连…都(也)…"造句

Make sentences with "连…都(也)…" using the following words:

例 E.g. 自己的名字
他连自己的名字也不会写。

1 周末

2 专业性很强的文章

3 简单的汉语

4 小孩

5 吃饭

6 住在哪儿

7 什么时候回来

8 这个学校的校长

六 用"非…不可"改写下列句子

Rewrite the following sentences, using"非…不可":

例 E.g. 我一定要去中国。
我非去中国不可。

1 我明年一定要学习汉语。

2 下午你一定要找到他。

3 这孩子明天一定要去医院做健康检查。

4 合同下星期三以前一定要签字。

5 申请签证一定要带护照。

6 你不遵守交通规则,警察一定要罚你的钱。

七 用下列词语造句

Make sentences with the following words:

1 值得
2 印象
3 一共
4 增加
5 坐满
6 经常
7 像这样的学校
8 了不起

八 根据提示组词并注音

Form words with the characters given and spell out their phonetics:

1 ________馆
________馆

2 游________
游________
________游

3 建________
建________

4 ________园
________园
________园

5 ________场
________场
________场

九 根据课文回答问题

Answer the questions on the text:

1 罗杰到中国旅行,印象怎么样?

2 他哪天去的? 哪天回来的? 在中国游览了哪些地方?

3 各用一句话介绍北京、上海、杭州和西安。

4 丁文月为什么说她明年非去中国不可?

十 用"可不是嘛"进行简短对话

Make short dialogues, using "可不是嘛":

1 谈论张力新租的房子

2 谈论一部电影

3 谈论城市的公共交通情况

4 谈论去中国留学

十一 说说你的一次旅游感受并写成短文

Talk about the impression of one of your trips and write a short essay about it.

十二 学写汉字

Learn to write the characters:

1 非 fēi

2 象 xiàng

3 共 gòng

4 产 chǎn

5 奇 qí

6 倍 bèi

7 挤 jǐ

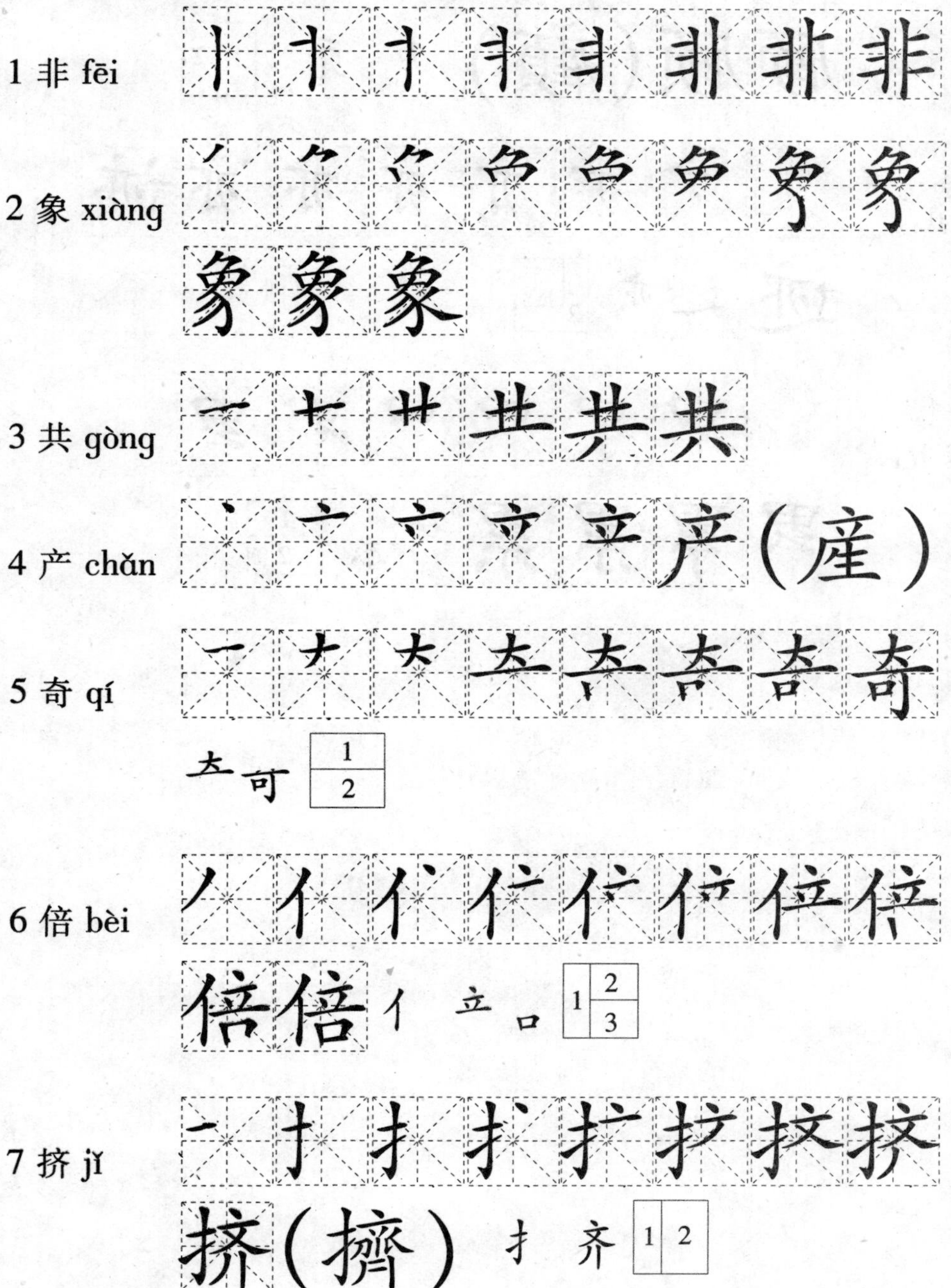

8 顾 gù

9 迹 jì

10 累 lèi

部分练习答案

Key to Some of the Exercises

第一课

二

1 bà：　声母 b，　韵母 a，　声调　第四声
2 mā：　声母 m，　韵母 a，　声调　第一声
3 mǐ：　声母 m，　韵母 i，　声调　第三声
4 pí：　声母 p，　韵母 i，　声调　第二声
5 mǎ：　声母 m，　韵母 a，　声调　第三声
6 bù：　声母 b，　韵母 u，　声调　第四声

三

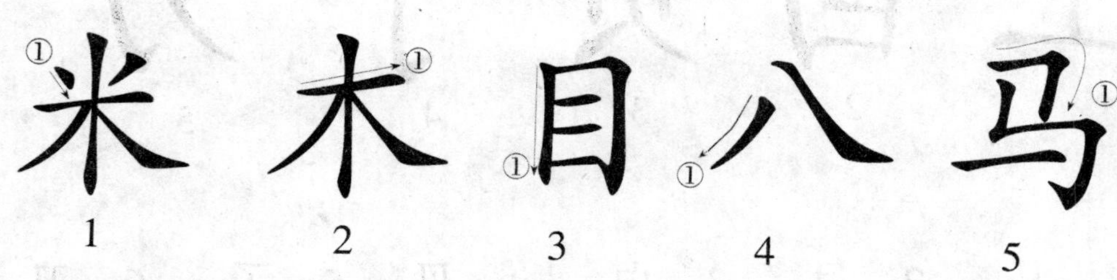

四

1　3　5　7

2　4　6　8

五

1 *B* 2 *A* 3 *B* 4 *A* 5 *A*

第二课

三

1 tāde ˥55 ·2 ˉ·　　4 màile ˥˩51 ·1 ˋ·
2 báide ˧˥35 ·3 ˊ·　　5 lǎole ˨˩˩211 ·4 ˇ·
3 mǎile ˨˩˩211 ·4 ˇ·　　6 nàli ˥˩51 ·1 ˋ·

四

1 bù 2 mù 3 mǐ 4 bā 5 dà 6 le

五

1 八 2 白 3 贝 4 刀 5 马 6 了

六

七

1 马$_3$ 2 目$_5$ 3 白$_5$ 4 贝$_4$ 5 了$_2$ 6 刀$_2$

八

1 *B* 2 *A* 3 *B* 4 *A* 5 *B*

第三课

四

1 lā 2 niú 3 kǎo 4 gài 5 dōu 6 duó 7 tuī 8 lí 9 guǎi 10 hēi

五

1 八丿 八　　4 刀𠃌刀

2 米丶 丷 䒑 半 米 米　　5 口丨 冂口

3 目丨 冂 冃 月 目　　6 土一 十 土

六

1 *B*　2 *A*　3 *B*　4 *B*　5 *B*

第四课

四

1 wǔ　2 wāi　3 wǒ　4 wèi　5 yú　6 yǐ　7 yá
8 yé　9 yào　10 yǒu

五

2 wài　3 yī　5 yé　6 yào　7 wǔ　8 yǔ

六

1 bú dà　　2 yì dī yóu
bú kuài　　yì tiáo gǒu
hǎo bù hǎo　　yì pǐ mǎ
bú pà　　yí gè hàomǎ
mō yi mō

七

1 yī　2 yě　3 yī　4 wǔ　5 liù　6 dà　7 niǎo
8 mǎ

第五课

四

1 hǎohē　˨˩˩ 211　˥ 55　　4 lǚlè　˨˩˩ 211　˥˩ 51

2 kěyǐ　˧˥ 35　˨˩˦ 214　　5 nǚ'ér　˨˩˩ 211　˧˥ 35

3 lǎolao　˨˩˩ 211　·˦ 4　　6 wǔ ge　˨˩˩ 211　·˦ 4

五

1 yú　2 yuǎn　3 yuè　4 yòng　5 wǒ　6 yún

六

1 duī 3 uì 5 diū 6 jiǔ 7 yào 8 yòu
9 yǔ 10 yuè

七

1 几 2 七 3 习 4 鱼 5 一 6 小
7 下

八

1 *A* 2 *B* 3 *B* 4 *A* 5 *B* 6 *A*

第六课

三

1 雨 2 鱼 3 女 4 云

四

1 *A* 2 *B* 3 *C* 4 *B* 5 *A*

五

1 f 2 d 3 e 4 c 5 a 6 b

第七课

三

1 *A* 2 *C* 3 *B* 4 *C*

四

1 c 2 d 3 b 4 f 5 e 6 a

第八课

三

1 儿 2 耳 3 二 4 巾 5 心 6 几 7 七

四

1 b 2 d 3 e 4 f 5 c 6 a

第九课

三

1 *A* 2 *B* 3 *A* 4 *A*

四

A 2,4 B 1,5 C 3,6,7

第十课

三

1 三 2 山 3 十 4 四 5 十四 6 四十

四

1 *A* 2 *C* 3 *A* 4 *B* 5 *B* 6 *A*

第十一课

三

1 *A* 2 *A* 3 *C* 4 *B* 5 *A* 6 *A*

六

1 你 2 迎 3 请 4 姓 5 先生 6 小姐
7 名字 8 欢迎 9 你好 10 对不起

七

1 好 2 名 3 你 4 对 5 员
姓 叫 作 欢 贵
姐 员 什

第十二课

三

1 两 2 个 3 有 还 没有 也

四

1 *B* 2 *B* 3 *C* 4 *C*

六

1 c 2 f 3 e 4 d 5 b 6 a

七

1 和 2 家 3 好 4 爸
名 字 字 爷

第十三课

三

1 少 2 大 3 那个 4 那儿

五

2 谁的老师 3 妹妹的老师 6 爸爸的学生
8 他的办公室 10 丁文月的奶奶

八

1 不少 2 小办公室 3 中文系 4 请问 5 哪儿
6 那儿 7 这儿

九

1 *A* 2 *B* 3 *B* 4 *A* 5 *B*

第十四课

三

1 吗 2 呢 3 呢 4 吗 5 吧

四

1 *B* 2 *C* 3 *B* 4 *B*

八

1 *A* 2 *B* 3 *A* 4 *B* 5 *B*

九

1 今 2 绍 3 济
会 经 汉
介

第十五课

三

1 一 yì 封信 2 一 yì 张邮票 3 一 yí 个信封

4 一 yì 本词典 5 一 yí 个本子 6 一 yì 支笔

七

1 去哪儿 2 邮局 3 几个本子 4 寄封信 5 知道
6 买些纸

第十六课

五

1 请 证 话 2 填 地 址

六

1 shēnqǐng 2 diànhuà 3 zhùzhǐ 4 dìdiǎn 5 qiānzhèng
6 yóuzhèng

第十七课

四

1 爷爷 2 奶奶 3 爸爸 4 妈妈 5 伯伯 6 叔叔
7 姑姑 8 嫂子

六

1 自己 2 祖父 3 父亲 4 护照 5 公司
6 工程师 7 姑姑 8 哥哥

七

1 很 很多 2 绍 介绍
律 律师 经 经理

第十八课

四

1 去 2 学 3 写 4 有 5 帮助 6 找 7 练习
8 有

八

1 ✓ 2 ×每年 3 ×两节 4 ×吗 5 ×每天

十

1 今年 2 年级 3 每天 4 每年 5 八个班

6 帮助

十一

1 zuò 2 zuó 3 tóng 4 zhōu

5 gōng 6 me 7 jīn 8 kuài

第十九课

六

1 × 我们一起去邮局。

2 × 我们一起去王教授的办公室。

3 × 明天上午九点我们在教室门口儿见面。

4 × 我今天和一个朋友见面。

八

1 现在 2 见面 3 再见 4 怎么样 5 什么

6 半个 7 七点 8 电影 9 门口儿 10 时间

11 听说 12 给家里

第二十课

三

1 五元/五块

2 五角/五毛

3 三分/三分

4 九角七分/九毛七

5 八元三角/八块三

6 九元五角六分/九块五毛六

7 十七元零五分/十七块零五

8 四十三元零五分/四十三块零五

9 七十元零五角/七十块零五毛

10 一百六十七元七角五分/一百六十七块七毛五

11 七百一十五元三角/七百一十五块三

12 九百一十九元六角八分/九百一十九块六毛八

四

1 人民币 2 美元 3 日元 4 德国马克 5 英镑
6 法郎

九

1 shíjiān 2 wèntí 3 duìhuàn 4 mǎkè 5 yínháng
6 lǚxíng 7 shìr

第二十一课

八

1 去 2 块 毛 3 喜欢 4 感

第二十二课

五

1 爷爷 2 老爷 3 奶奶 4 姥姥 5 叔叔 6 舅舅

六

舅舅： 妈妈的哥哥或弟弟
姨： 妈妈的姐姐或妹妹
舅母： 舅舅的妻子
表妹： 舅舅或姨或姑姑的女儿
表弟： 舅舅或姨或姑姑的儿子

七

1 休 xiū 退休 2 体 tǐ 身体 3 己 jǐ 自己 4 已 yǐ 已经

第二十三课

三

1 是 2 在 3 在 4 有 5 是

八

1 处 chù 到处 2 外 wài 外边 3 场 chǎng 停车场
4 地 dì 地点 5 东 dōng 东边 6 车 chē 停车场
7 西 xī 西教学楼 8 四 sì 四个人

九

1 电影院 2 校园 3 旅行 4 银行

第二十四课

八

1 快 kuài 快餐 2 块 kuài 一块钱 3 牛 niú 牛奶
4 午 wǔ 午饭

九

1 炒 炒米饭 2 随 随便 3 饭 午饭
沙 沙拉 都 都可以 饼 比萨饼

第二十六课

九

1 头 tóu 头疼 2 买 mǎi 买东西 3 受 shòu 难受
4 爱 ài 爱游泳 5 考 kǎo 考试 6 老 lǎo 老师
7 休 xiū 休息 8 体 tǐ 身体

十

1 病 病了 2 该 该走了
疼 嗓子疼 咳 咳嗽

第二十七课

八

1 × 明天我们要跟一个中国朋友见面。
2 × 我给弟弟洗澡。
3 √
4 √
5 × 我跟马教授握手。
6 √

九

1 *B* 2 *A* 3 *C* 4 *B* 5 *B*

十

1 澡 洗澡　　2 条 土豆条
操 操场　　务 服务员

第二十八课

三

1 一 yí 份沙拉　2 一 yì 杯可乐　3 一 yí 个孩子
4 一 yì 条小狗　5 一 yì 只小猫　6 一 y ì 本书
7 一 yì 篇文章　8 一 yí 个书号　9 一 yí 份炸土豆条
10 一 yí 个汉堡包

四

1 借　2 看　3 查　4 带　5 复印

十一

1 去　2 还　3 下　4 小　5 开　6 少

十二

1 nán tóngxué　2 lìngwài　3 bàozhǐ　4 duōjíle
5 báisè　6 zìjǐ　7 huán shū　8 háiyǒu

十三

1 约 预约 yùyuē　　2 错 不错 búcuò
续 续借 xùjiè　　借 借书 jièshū
纸 报纸 bàozhǐ
红 红的 hóngde

第二十九课

九

要　可能　大约　可以

十

1 情 情况 qíngkuàng　　2 候 时候 shíhou
睛 眼睛 yǎnjing　　修 修马路 xiūmǎlù
请 请问 qǐngwèn

十一

1 *B* 2 *B* 3 *B* 4 *B* 5 *B* 6 *C*

第三十课

三

1 坐 2 过 3 骑 4 乘 5 问

四

1 真抱歉 2 得 3 坐 4 一直 5 也许 一刻钟

五

1 再 2 又

九

1 *B* 2 *A* 3 *B* 4 *A* 5 *B*

十

1 区 西区 xīqū 2 站 地铁站 dìtiě zhàn
医 医生 yīshēng 章 文章 wénzhāng

第三十一课

四

1 (1)上 (2)有 (3)讨论
2 (1)反对 (2)漂亮 (3)坏
3 (1)生动 (2)简单 (3)太多

九

1 e 2 de 3 děi

第三十二课

七

1 套 本 2 套 张 3 套 个 4 没 5 没 6 没

八

1 旧房子 2 大花园 3 贵 4 楼上

九

1 zhù zài zhèr 2 wàng dōng guǎi 3 zǔmǔ 4 fángzū

5 fāngbiàn 6 piányi

十

1 学院 2 花园 3 卧室不大 4 我是律师

十一

1 安 2 氵 3 木

第三十三课

十

1 kǎoshì 2 lǎoshī 3 bù nán 4 shuí de shū
5 kǎo de bú cuò 6 děi qù shàngkè 7 yìbǎi tiān
8 báitiān 9 bāozi 10 jùzi 11 yóuzhèng biān mǎ
12 zài shuō yí biàn

第三十四课

十五

1 晚会 2 忘了 3 上星期 4 长长的面条
5 常常吃面条 6 音乐 7 快乐 8 下星期

十六

1 礼物 lǐwù 2 蛋糕 dàngāo 3 快餐 kuàicān
礼貌 lǐmào 糟糕 zāogāo 快乐 kuàilè

第三十五课

四

1 刮 2 下 3 下 4 看

五

1 热 2 晚 3 短 4 下 5 近 6 坏
7 容易 8 便宜 9 喜欢 10 大 11 晴

九

喜欢 有意思 快

十

1 *A* 2 *B* 3 *B* 4 *B* 5 *A* 6 *B*

十一

1 电话 diànhuà　　2 篮球 lánqiú
电影 diànyǐng　　网球 wǎngqiú
电视 diànshì　　足球 zúqiú
3 春天 chūntiān　　前天 qiántiān
夏天 xiàtiān　　昨天 zuótiān
秋天 qiūtiān　　今天 jīntiān
冬天 dōngtiān　　明天 míngtiān
天气 tiānqì　　后天 hòutiān

第三十六课

七

1 就　2 才　3 才　4 就　5 以后　6 后来

八

1 *B*　2 *B*　3 *B*　4 *C*　5 *B*　6 *B*
7 *B*　8 *B*

十

1 × 明年我朋友打算去中国留学。
2 √
3 × 去年冬天王先生从北京回国了。
4 √
5 × 我弟弟中学毕业了。
6 √

十一

1 zhǎngdà　2cháng shíjiān　3 yìzhí　4 yíqiè　5 liúlì　6 liúxué

十二

1 *B*　2 *A*　3 *B*　4 *B*　5 *A*　6 *A*

第三十七课

九

1 电费 diànfèi　　2 面包 miànbāo

学费 xuéfèi　　汉堡包 hànbǎobāo
煤气费 méiqìfèi　　包子 bāozi
电话费 diànhuà fèi

第三十八课

九

1 结果 jiéguǒ　　2 商场 shāngchǎng
结束 jiéshù　　机场 jīchǎng
3 晚上 wǎnshang　　4 跳舞 tiàowǔ
晚会 wǎnhuì　　跳高 tiàogāo
晚点 wǎndiǎn　　跳远 tiàoyuǎn

十

迎　欢迎 huānyíng　　进　进行 jìnxíng
运　运动 yùndòng　　近　附近 fùjìn
远　跳远 tiàoyuǎn　　还　还有 háiyǒu

十一

1 *A*　2 *B*　3 *A*　4 *B*　5 *A*　6 *B*

第三十九课

十

侄子:哥哥或弟弟的儿子。
外甥:姐姐或妹妹的儿子。
堂弟:伯伯或叔叔的儿子(比自己小的)。
表弟:舅舅、姨或姑姑的儿子(比自己小的)。

十一

朋　洲　得　漂　约　以　话

第四十课

七

1 尝尝中国菜　2 长长的面条　3 常常　4 友谊
5 提议

第四十一课

九

1 暑假 2 学费 3 计划 4 水平 5 了解 6 所以
7 批准 8 还是

第四十二课

八

1 妹夫 2 姑夫 3 姨夫 4 新郎 5 新娘

第四十三课

十

1 *B* 2 *B* 3 *B* 4 *B* 5 *B* 6 *C*

十一

1 rènzhēn 2 yìzhí 3 yǔyīn 4 yǔyán 5 xīnli
6 bìxū 7 fùzá 8 xiàtiān

十二

1 收获 2 说话 3 以为 4 因为 5 语言 6 医院
7 真正 8 信心

十三

1 语音 yǔyīn
语法 yǔfǎ
外语 wàiyǔ
汉语 hànyǔ
英语 yīngyǔ

2 习俗 xísú
习惯 xíguàn
预习 yùxí
学习 xuéxí
复习 fùxí

第四十四课

三

1 件 2 辆 3 个 4 双 5 副 6 条

第四十五课

四

1 百分之五 5%　　5 百分之二 2%

2 百分之五十 50%　　6 百分之七十 70%

3 百分之十 10%　　7 百分之九十五 95%

4 百分之六十 60%　　8 百分之八十 80%

八

1 *B* 2 *B* 3 *B* 4 *B* 5 *B*

十

1 发现 2 罚钱 3 以上 4 以下 5 事故 6 故事

7 被打开 8 别打开

十一

1 jì'ānquándài　　5 wàng qián zǒu

2 liánxì　　6 zhùyì

3 dōu láile　　7 zhùzhǐ

4 shǒudū　　8 wú

第四十六课

七

1 piányi 2 biàntiáo 3 wūzi 4 fángzi 5 tài zhòng

6 liáng tǐwēn 7 qiānbǐ 8 qiānzhèng

八

1 洗衣机 xǐyījī　　3 发音 fāyīn

电视机 diànshìjī　　发现 fāxiàn

计算机 jìsuànjī　　发生 fāshēng

2 美术 měishù　　4 同学 tóngxué

技术 jìshù　　同意 tóngyì

合同 hétóng

十

工 作 点儿 面试 主要 了解 能力

第四十七课

六

1 习惯 2 喜欢 3 上面 4 下面 5 华人 6 花儿
7 年糕 8 面包 9 贴好了 10 月底

七

1 gèrén 2 míng rén 3 xiángxì 4 yíyàng
5 rénkǒu 6 rùkǒu 7 zháojí 8 hēzhe chá

第四十八课

六

1 *A* 2 *B* 3 *A* 4 *A* 5 *B* 6 *C* 7 *A*

第四十九课

六

1 继续 2 技术 3 迟到 4 知道 5 原谅 6 原件
7 失望 8 希望

七

1 自己 zìjǐ 2 咱们 zánmen 3 坚持 jiānchí 4 特别 tèbié
5 着急 zháojí 6 看见 kànjiàn 7 休息 xiūxi 8 体温 tǐwēn
9 失望 shīwàng 10 夫人 fūrén

第五十课

三

1 一百零六
2 一百六十
3 一千二百
4 一千九百四十
5 一万二千五
6 二万五
7 二万八千零八
8 十五万
9 五十万零四千
10 九十八万四千八百三十一
11 五百万
12 一百八十万零七千
13 二千五百万零四百
14 五亿八千万
15 十二亿

四

1 三的三倍 2 四的四倍 3 十的五倍 4 九的九倍
5 五十的两倍 6 六 7 二十四 8 一百五十
9 六万四千 10 七百万

八

1 图书馆 túshūguǎn
饭馆 fànguǎn
2 游泳 yóuyǒng
游览 yóulǎn
旅游 lǚyóu
建设 jiànshè
建筑 jiànzhù
4 校园 xiàoyuán
花园 huāyuán
公园 gōngyuán
5 商场 shāngchǎng
机场 jīchǎng
操场 cāochǎng

Distributed by
China International Book Trading Corporation
35 Chegongzhuang Xilu, Beijing 100044, China
P.O. Box 399, Beijing, China
04000 9-CE-3233P